교부 문헌 총서 27
영혼 불멸

AURELIUS AUGUSTINUS
DE IMMORTALITATE ANIMAE

Translated with introduction and notes by
SEONG Youm

© Benedict Press, Waegwan, Korea 2018

교부 문헌 총서 27
영혼 불멸
2018년 6월 15일 교회 인가
2018년 7월 19일 초판 1쇄

지은이 · 아우구스티누스
역주자 · 성염
펴낸이 · 박현동
펴낸곳 · 성 베네딕도회 왜관수도원 ⓒ 분도출판사
찍은곳 · 분도인쇄소

등록 · 1962년 5월 7일 라15호
04606 서울시 중구 장충단로 188(분도출판사 편집부)
39889 경북 칠곡군 왜관읍 관문로 61(분도인쇄소)
분도출판사 · 전화 02-2266-3605 · 팩스 02-2271-3605
분도인쇄소 · 전화 054-970-2400 · 팩스 054-971-0179
www.bundobook.co.kr

ISBN 978-89-419-1812-7 94230
ISBN 978-89-419-9755-9 (세트)

* 저작권법에 따라 보호를 받는 저작물이므로 무단 전재와 무단 복제를 금합니다.

교부 문헌 총서 27

아우구스티누스
영혼 불멸

성염 역주

분도출판사

'교부 문헌 총서'를 내면서

제2차 바티칸 공의회 「계시 헌장」*Verbum Dei* 7-10항에서 밝히고 있듯이, 하느님의 계시는 신·구약 성경과 성전聖傳을 통해 우리에게 전달되는데, 이 둘은 하느님의 똑같은 원천에서 흘러나오므로 하나를 이룰 만큼 서로 밀접히 연결되어 있다. 바로 "교부들의 말씀은 믿고 기도하는 교회의 실생활 가운데 풍부히 흐르고 있는 이 성전의 생생한 현존을 입증한다"(8항). 즉, 교부들의 말씀은 성전의 주축을 이루고 있으므로 교부 문헌 연구는 하느님의 계시에 접근하는 데 중대하고 필요 불가결의 길이라 할 수 있다.

짧은 역사의 한국 교회는 그동안 성경 연구에 큰 관심을 가져 괄목할 만한 진전을 해 왔으나 교부 문헌 연구는 극히 미미하였다. 이에 우리는 분도출판사를 중심으로 '교부 문헌 총서 기획위원회'를 구성하여, 교부 문헌의 번역·간행을 계속해 나감으로써 교부 문헌 연구에 새로운 전기를 마련하기로 하였다.

우리는 이 '교부 문헌 총서'가 한국 교회의 신학 발전에 다음과 같은 도움이 되기를 바란다.

첫째, 성경 연구에 도움이 될 수 있다. 사도교부들(Patres apostolici)은 사도들의 직제자 혹은 그 직제자들의 제자들이었으므로 그들의 문헌은 신약성경(특히 사목서간들)에 나타나 있는 사도들의 가르침과 신학을 잘 반영하고 있을 뿐 아니라 신약성경에 표현되지 않은 초기 교회의 모습을 보여 주고 있기 때문이다. 또한 그 후의 교부들의 글에서도 성경은 그 기초가 되고 있으며, 때때로 성경 해설을 위한 강론(Homilia식 Tractatus)들과 본격적인 성경 주해서(Commentarium)들이 있다.

둘째, 이상하게 들릴지 모르지만, 한국 교회 신학의 토착화에 도움이 될 수 있다. 교부시대는 사도들로부터 전수받은 그리스도의 복음이 그리스·로마 문화에 정착되는 시기라 할 수 있다. 예수님과 사도들 그리고 복음서의 청중들은 모두 히브리인들이었으며, 그래서 복음은 먼저 히브리 문화권 안에서 선포되었다. 이 복음이 제자들의 선교 활동을 통해 히브리 문화와는 다른 그리스 문화권에 선포되면서 일종의 토착화 과정이 있었으며, 또 라틴 문화권에 선포될 때 또 다른 토착화 과정이 있어야 했다. 그리스도교의 신학은 이러한 토착화의 시도 과정에서 때로 많은 시행착오(이단과 열교)를 거치면서 발전되고 정착되어 왔다. 사실 교부들은 토착화 과정에서 그리스도의 복음이 변질되어서는 안 된다는 원칙 아래 해당 문화권에서 수용할 수 있는 것과 할 수 없는 것을 엄격히 구별하였던 것이다. 제2차 바티칸 공의회 이후 한국 교회 안에서도 토착화의 필요성이 자주 거론되고 있다. 우리는 교부들이 행했던 토착화의 시도 과정과 그 방법을 연구함으로써 우리의 토착화 작업에 도움을 받을 수 있을 것이다.

셋째, 한국 교회의 에큐메니즘 운동에 도움이 될 수 있다. 세계적으로 한국만큼 기독교의 종파가 많은 곳도 드물다. 가톨릭과 개신교 사이의 차이는 말할 것도 없지만 개신교 사이에서도 서로 극심한 차이가 있다. 사실 개신교의 종파는 성경의 자유 해석에서 기인하는 경우가 많은데, 자기의 해석을 고집하기에 앞서 성경시대와 가까웠던 교부시대에서 성경을 어떻게 이해하고 생활했는지 알아볼 필요가 있다. 또 잊어서는 안 될 점으로,

그 신도 수가 많지는 않지만 동방 정교회가 한국에도 있는데, 동방 교회는 교부시대의 전통을 잘 유지하고 있으므로 서방 교회(로마 가톨릭, 프로테스탄트, 성공회)는 동방 교회 전승에서 많은 것을 배우고 보완할 수 있다. 따라서 우리는 각 교회 모두가 공동으로 소유하고 있는 성경 그리고 서로 갈리기 전 초세기 교회의 모습, 즉 교부 문헌을 같이 연구함으로써 서로의 차이점을 함께 좁혀 나갈 수 있을 것이다.

일반적으로 교부 문헌을 어렵고 고루한 전문 서적으로 생각하는 경향이 있다. 이러한 생각은 교부 문헌을 직접 접할 기회가 적었던 데서 오는 막연한 선입관에 불과하다. 대부분의 교부들은 사목자들이었으며 그들의 글은 당시의 수사학에서 나온 연설체·강론체적인 성격을 가진 것들이 많다. 그래서 때로는 설득을 위한 지나친 강조나 지루한 반복이 있는 것도 사실이나 글에 힘이 있으며 이해하는 데 그다지 어렵지 않다.

아무쪼록 앞으로 이 총서가 많은 이들의 관심과 협력과 채찍질에 의하여 속속 간행되면서 더욱 많은 이들의 연구와 생활에 도움이 되기를 바라 마지않는다.

1987년 6월 29일
이형우

【일러두기】

1. 교부 문헌은 워낙 방대하므로, 번역·간행할 책은 한국 실정을 고려하여 선정하되, 연대순이나 그리스 교부·라틴 교부의 구별을 두지 않고 준비되는 대로 일련번호를 매겨 출간해 나간다.

2. 교부 문헌은 학문적 연구에 기초 자료가 되므로, 본문의 번역은 되도록 원문에 충실하게 하며, 중요한 문헌의 원문은 전부 또는 일부를 역문과 나란히 싣는다.

3. 독자의 이해를 돕기 위해, 본문에 앞서 「해제」를 실어 저자의 생애와 당시의 문화적 배경 그리고 각 저술의 특징과 신학 등을 설명하고, 본문 아래에 약간의 각주를 단다.

4. 독자의 편의를 위해, 원문에 없어도 우리말 본문에는 소제목과 일련번호를 단다.

5. 성경 본문 인용은 원칙적으로 『성경』(한국 천주교 주교회의 2005)을 따르되, 문맥에 맞추어 대폭 다듬었다. 필요에 따라서는 『공동번역 성서』와 『200주년 성서』(분도출판사 2003)도 인용했고, 그것으로도 저자의 의도가 반영되지 않을 경우에는 더러 역자가 직접 번역하기도 했다. 다른 판본을 인용하더라도 성경 인명·지명의 우리말 표기는 『성경』에 따랐다.

6. 본문 중 인용문은 원문에서는 이탤릭체로, 각주를 제외한 역문에서는 굵은 서체로 표시하고, 성경 장·절의 표시는 각주 형식으로 다른 각주와 함께 일련번호를 매겨 처리했다.

7. 본 총서에 포함되지 않은 아우구스티누스 저작의 우리말 역어는 본 총서 18권, 포시디우스 『아우구스티누스의 생애』(이연학·최원오 역주, 분도출판사 2008) 170-181에 실린 '아우구스티누스 저술 목록'을 참조하라.

DE IMMORTALITATE ANIMAE

|차례|

'교부 문헌 총서'를 내면서 ··· 5

해제

1. 『영혼 불멸』 집필 계기와 시기 ··· 13
   1.1. 집필 계기 ·· 13
   1.2. 집필 시기 ·· 16

2. 『영혼 불멸』 내용 개괄 ··· 18
   2.1. 본서의 구성과 의의 ·· 18
   2.2. 영혼 불멸에 관한 아우구스티누스의 논증 ······················· 20
      2.2.1. "영혼의 인식 대상인 이념이 상존하므로 영혼은 불결한다" ············ 20
      2.2.2. "영혼에서 일어나는 운동이나 변화는 오히려 영혼의 불멸성에 관한 방증이다" ·· 21
      2.2.3. 반론을 통해서 보완하는 영혼의 불멸 입증 ··············· 22

3. 번역 원본과 현대어 번역본 ·· 26

본문과 역주

1.1. 스트라톤의 주장과 반대로, 학문이 깃드는 영혼은 사멸하지 않는다 …… 31
2.2. 아리스토크세노의 주장과 반대로, 정신 곧 이성은 단지 신체의 조화가 아니다 ……………………………………………………………………………… 35
3.3. 알렉산드로스의 주장과 반대로, 영혼은 어떤 능력이고 실체다 ………… 37
3.4. 그러므로 영혼은 변하지도 사멸하지도 않는다 ………………………… 41
4.5. 그 까닭은 영혼에 예술과 이치가 존재하기 때문이다……………………… 45
4.6. 학식이 없거나 망각하고 있을지라도 저것들은 영혼에 존재한다………… 47
5.7. 영혼의 어떤 변화가 일어나기는 하지만 ………………………………… 51
5.8. 그 변화 때문에 영혼에 이념이 존재를 상실하지는 않는다 ……………… 51
5.9. 그러므로 영혼은 사멸하지 않는다……………………………………… 53
6.10. 영혼이 이성 속에 존재하거나 이성이 영혼 속에 존재한다……………… 55
6.11. 그렇지 않으면 영혼이 곧 이성 자체다 ………………………………… 57
7.12. 몇 가지 반론: 영혼이 무지함에 의해서 결손을 겪는다는 관점 ………… 63
8.13. 영혼은 사물들의 자연 본성 속에 존재한다는 관점 ……………………… 65
8.14. 신체는 형상에 의해서 소멸되지 않게 만들어졌다는 관점 ……………… 67
8.15. 영혼은 스스로 존재한다는 관점 ……………………………………… 71
9.16. 영혼은 생명 자체이므로 죽음으로 자체를 버리고 떠날 수 있다는 관점 75
10.17. 생명은 신체의 어떤 조절이라는 관점 ………………………………… 77
11.18. 영혼이 스스로 자기를 소멸시킬 수 있거나 …………………………… 81
12.19. 타자에 의해서 소멸될 수 있다는 관점 ……………………………… 85
13.20. 영혼이 존재를 그보다 못한 신체로 변환시킬 수 있는 데 스스로 자원하거나 ………………………………………………………………………… 87
13.21. 타자에게 강요를 받아서 그렇게 될 수 있다는 관점 ………………… 89
13.22. 강요는 받지 않더라도 그럴 만한 조건이 생기거나 ………………… 91
14.23. 수면 같은 결핍 상태로 변질될 수도 있다는 관점 …………………… 93
15.24. 영혼이 공간에 점유된다는 관점. 그렇더라도 영혼은 영원한 이념과 결속되며 ……………………………………………………………………… 97
16.25. 신체 속에 자리 잡고 있지만 부분으로 나누이지는 않는다…………… 101

「재론고」 …………………………………………………………………… 107

인명 색인 ……………………………………………………………… 113
작품 색인 ……………………………………………………………… 114
성경 색인 ……………………………………………………………… 115

DE IMMORTALITATE ANIMAE

해제[1]

1. 『영혼 불멸』 집필 계기와 시기

1.1. 집필 계기

아우구스티누스는 본서 직전의 저서 『독백』*Soliloquia*에서 자기의 철학적 관심을 '하느님과 영혼'에 집중하겠다고 밝혔다.[2] 그보다 먼저 나온 대화집 『질서론』*De ordine*에서도 철학이라는 학문의 과제가 "하나는 영혼에 관한 것이고 하나는 하느님에 관한 것이다. 첫째 것은 우리 자신을 알자는 것이고 다른 하나는 우리 기원을 알자는 것이다"[3]▶라고 하면서 철학적 탐구의 초점을 인간의 자아인 영혼과 인간의 기원인 하느

---

[1] 본 해제는 Domenico Gentili(*L'immortalità dell'anima* [Opere di Sant'Agostino, Dialoghi I] [Roma, Città Nuova Editrice 1970])와 Giovanni Catapano(*L'immortalità dell'anima in Agostino sull'anima* [Milano, Bompiani, 2003])의 본서 해제를 간추려 작성했다.

[2] 『독백』(성염 역주, 분도출판사 2017) 1,2,7: "그러면 무엇을 알고 싶은가?" "하느님과 영혼을 알고 싶다." "더 이상 아무것도 없는가?" "전혀, 아무것도 없다"(같은 책 1,8,15; 2,15,27 참조).

13

님에게 맞추었다.⁴ 그러면 아우구스티누스에게 '영혼을 안다'는 말은 무엇을 의미하는가? 본서보다 조금 먼저 이루어진 대화에서 그 지식의 범위가 다뤄진다. "영혼은 어디서 기원을 가지며, 이곳 현세에서 무슨 작용을 하며, 하느님으로부터 얼마나 떨어져 있으며, 신체와 정신 두 본성에 관계하면서 자기 고유한 성격은 무엇이고, 어디까지 사멸하며, 그것이 불사불멸함은 어떻게 입증되는가?"⁵ 이런 주제들은 서구 사상에서 부단히 제기되던 질문들이었으므로 『행복한 삶』*De beata vita*에서 철학적 방황을 끝내고 안주할 만한 항구로 들어서면서도 여전히 자기를 사로잡고 있는 번민이 '영혼의 문제'라고 피력한 바 있다.⁶

먼저 『독백』 제2권에서 아우구스티누스는 지성으로 사유 행위cogitare를 관찰하고 분석할 때 '사유 주체'cogitans인 지성이 생성 소멸하는 현상 저편으로 초월해서 확장해 가는 역동적인 운동임을 감지하면서 다른 어느 주제보다도 '영혼의 불멸'을 자기 고유한 논리와 방식으로 확립할 필요에 직면하고 그 작업에 본격 착수했었다.⁷ 거기서 교부가 확립한

◂3 『질서론』(성염 역주, 분도출판사 2017) 2,18,47: "철학에는 두 과제가 있다. 하나는 영혼에 관한 것이고 다른 하나는 하느님에 관한 것이다. … 전자는 우리에게 보다 친숙하고 후자는 우리에게 보다 소중하다. 전자는 우리를 행복한 삶에 적합한 사람으로 만들고 후자는 우리를 행복하게 만든다. 첫째는 배우고 있는 사람들에게 해당하고 둘째는 이미 배운 사람들에게 해당한다."

4 수년 후(391년)에도 이렇게 피력한다: "오로지 진리를 탐구하여 자기 자신과 하느님을 아는 연구에만 자기의 노력을 집중하는 이들은 이것이야말로 지혜의 위대한 본분이라고 판단합니다"『자유의지론』(성염 역주, 분도출판사 1998) 2,9,25].

5 『질서론』 2,5,17. 본서의 후속 도서에 해당하는 『영혼의 위대함』*De quantitate animae* 첫머리에서도 화자의 입에서 같은 물음이 나온다. "영혼은 어디서 유래하는가? 영혼은 어떤 성질인가? 얼마나 큰가? 왜 신체에 부여되었는가? 신체에 올 때에는 어떤 성질이 되는가? 또 [신체에서] 떠날 적에는 어떤 결과가 오는가?"(1,1).

6 『행복한 삶』(성염 역주, 분도출판사 2016) 1,5: "내게는 아직 영혼에 관한 문제마저도 망설여지고 유동적이다."

것은 "주체 안에 있는 무엇이 항상 존속하는 사물이라면 그것을 내포하는 그 주체도 항상 존속한다", "그런데 논리학과 형이상학을 통칭하는 변증술辨證術이라는 학문은 영혼 안에 있고, 진리와 상응한다는 점에서 항상 존속한다", "그러므로 그것을 내포하는 영혼도 항상 존속한다"는 논지였다.[8] "따라서 영혼은 불멸한다. 그러니 제발 그대의 이성을 믿고 진리를 믿으라! 진리는 외치고 있다. 그대 안에 자기가 거처하고 있다고, 자기는 불사불멸하다고, 자기가 거처하는 처소는 신체의 그 어느 죽음에 의해서도 박탈되지 않는다고!"[9]

그러나 아우구스티누스는 『독백』에서 소기의 목적을 달성하지 못하였음을 자백한다.[10] 위의 논증에 아직 미진한 부분이 있었는데 다음과 같은 논지였다. '기하학幾何學을 실제로 익히는 사람은 소수인데, 기하 같은 학문이 모든 영혼에 존속한다는 것을 무엇으로 입증하는가? 식자들도 한참 모르다가 겨우 배워서 아는 터에 말이다. 안 배운 사람들의 영혼도 영혼일 테고 기하학의 근본 공리들이 영혼 속에 있을 텐데 어째서 기하를 도무지 모른다는 말인가?'[11] 이런 의문의 심각성을 간파한 아우구스티누스가 "그런 질문은 또 한 권의 책을 쓰라고 요구하는 셈

---

7 『독백』 2,1,1: "그대가 불멸하는 존재임을 아는가?" "모른다." "그럼 그대가 모른다고 말한 이 모든 것 가운데 어느 것을 먼저 알고 싶은가?" "내가 불멸하는 존재인지를 먼저 알고 싶다."

8 『독백』 2,11,19-13,24 참조. 9 『독백』 2,19,33.

10 『재론고』(*Retractationes*) 1,4,1: "(『독백』) 둘째 권에서는 영혼의 불사불멸에 관해서 사안이 보다 길게 논의되지만 끝을 보지 못하였다." 『재론고』(再論考)라고 알려진 *Retractationes*는 아우구스티누스 생애 말년(426~427년)에 자기가 소장하고 있는 자기 저술 전부를 재독하고서 추고(推考)를 가한 서지(書誌)다.

11 『독백』 2,14,25 참조.

이다. 그 내용을 제대로 다루기 바란다면 말이다"[12]라던 탄식이 그로 하여금 "인간의 영혼 외에 아무것도 생각하지 않으면서"[13] 본서 『영혼 불멸』을 별도로 집필하게 만드는 계기가 된다.

1.2. 집필 시기

이 책은 서기 387년 봄, 그러니까 교부敎父가 밀라노 근교 카시키아쿰 별장에서의 은둔을 마치고 황도皇都 밀라노로 돌아와서 세례를 기다리는 임시에 저술되었다. 『재론고』[14]에는 그 시기가 다음과 같이 술회되어 있다. "『독백』Soliloquia이라는 책 다음에, 이미 시골에서 밀라노로 돌아와 있던 몸으로, 『영혼 불멸』De immortalitate animae이라는 책을 썼다. 저 책이 미완성으로 남았으므로 『독백』을 끝마쳐야 한다는 충고처럼 내게 느껴졌던 것이다."[15]

그렇게 해서 집필된 『영혼 불멸』은 아우구스티누스의 100여 종이 넘는 저작 가운데 분량이 가장 적은 책자이면서도 '영혼의 불멸'이라는 단일한 주제를 다루는 철학적 논고로만 이루어진 작품이다. 그러나 저자의 의도와 전개된 내용을 정확하게 알아들으려면 상당한 수고를 들여야 한다. 다른 저작들과는 달리, "어떻게 된 일인지 나도 모르겠지만 그 책은 내 의사에 반해서 사람들 손으로 나갔고 내 소책자들 사이에 이름이 거론되고 있다"[16]는 본인의 말대로라면 출간을 목적으로 하지

---

12 『독백』 2,18,33.　　　　　　　　13 『재론고』 1,5,2.
14 『재론고』 1,5,1.
15 아우구스티누스가 문하생들과 식솔들을 거느리고 카시키아쿰 별장에 은둔한 것은 386년 가을부터 이듬해 초까지였고, 387년 부활절(4월 24일)의 세례를 준비하러 적어도 사순절에는 밀라노로 옮겨 왔다.

않았거나 내용이 논리적으로 더 선명하게 다듬어질 필요가 있어서 보류하고 있던 차에 복사본이 나돌기 시작했다는 얘기 같다. 아무튼 철학적 방법론이 더욱 철저하고 비유나 수사학적 장식이 없으며 또 종교적 첨언도 없어서, 아우구스티누스의 모든 작품 가운데 유난히 '순수하게' 철학적이라는 평도 있다. 본서는 다른 대화편對話篇처럼 문하생들과의 대화도 아니고, 『독백』처럼 자문자답식 가상 대화도 아닌 순수한 학문적 서술이다. '대화편'에 들어가는 아우구스티누스의 저서들 가운데 전혀 대화를 도입하지 않은 유일한 작품이기도 하다. 그럼에도 이 저작이 그의 '대화편'에 들어가는 까닭은 영혼 불멸이라는 주제를 두고 시종일관 관점이 다른 가상적 인물들과 나누는 학문적 대화 내지 토의를 담고 있기 때문이다. 인간이 자기 자신에게 미지未知의 존재라는 점을 너무도 잘 알기에[17] 아우구스티누스는 "사멸할 것들에 매여 있는 신성한 영혼"[18]을 탐구하고 그 불사불멸을 확인하고 싶어서 철학함에 나선다. 그런데 『독백』에서 영혼의 불사불멸이라는 주제를 두고 다루던 내용[19]이 미완성에 그쳤으므로 그 토론을 완성할 생각에서 이 책에 착수하였다.

---

16 『재론고』 1,5,1.

17 아우구스티누스에게 인간은 "자신에게 미지의 존재"(Sibi ipse ınconitus, 『질서론』 1,1,1)이며 "커다란 문제"(magna quaestio, 『고백록』 4,4,9)였고, "실로 그윽한 심연"(grande profundum, 『고백록』 4,14,22)이었으므로 그 미지의 존재를 탐색해 보려는 강렬한 충동을 느꼈던 것으로 보인다.

18 『아카데미아학파 반박』(성염 역주, 분도출판사 2016) 1,1,3: "그대 안에 있는 신성한 무엇 … 나는 그 신성한 것이 현세의 어떤 잠이나 동면(冬眠)으로 마비되어 있었는지 모르지만, 오묘한 섭리가 저 다양하고 모진 시련을 통해서 그대를 일깨우기로 작정했다는 것이 내 말입니다."

19 『독백』 2,6,9-14,26 참조.

2. 『영혼 불멸』 내용 개괄

2.1. 본서의 구성과 의의

본서는 단권liber unus으로 된 책이며 두 부분으로 나뉜다. 제1부(1,1-6,11)는 아리스토텔레스가 신체-영혼의 관계를 '질료 형상론'으로 해설한 이른을 전제하더라도 영혼이 어떤 이유로 소멸하지 않는지 해설하고, 제2부(7,12-16,25)는 영혼이 소멸하거나 물체로 변하리라는 스토아와 에피쿠로스학파의 반론을 천착하면서 영혼 불멸을 방증한다. 교부는 먼저 논증 형태로 영혼 불멸을 다루고(1,1-4,6) 곧이어 토론 형태로 한 번 더 다루며(5,7-6,11) 마지막으로 영혼이 이러저러한 사유로 변질되거나 무화될 수 있으므로 영혼 불멸이 성립하지 않는다는 반론들을 반박하는 논쟁(7,12-12,25) 등 세 번에 걸쳐 비슷한 논지를 반복한다.

그래서인지 아우구스티누스의 저작 가운데 가장 길이가 짧은 단행본 가운데 하나이지만, 저자 본인은 『영혼 불멸』이라는 이 책을 두고 "논리 전개가 하도 번다하고 옹색하여 애매모호하기 때문에 읽자면 내 주의력이 산만해지고 나 자신마저도 겨우 알아들을 정도"[20]라는 혹평을 남겼다. 소책자에다 너무 무미건조한 논리 전개를 담았고, 카시키아쿰에 모인 문하생들을 상대로 영혼에 관한 철학 사조들을 염두에 두고 학구적으로 글을 쓰다 보니 자기 고유한 사상을 개진하는 데 미치지 못했다는 후기 같다.

본서에서 교부는 영혼이 신체에 생명을 주는 원리이지만, 신체에 깃

---

20 『재론고』 1,5,1.

든 생리적·감각적 '생명'이 '영혼'이라는 도식보다는 인간 정신의 고유한 활동인 사유cogitatio가 곧 영혼의 생명이라는 도식을 내세운다. 동식물의 것과 다른 이성혼anima rationalis이 '사유하는 영혼' 혹은 '사유로서의 영혼'animus ut cogitatio으로 정의될 만하다면, 사유가 곧 '현실태의 영혼'이므로 영혼은 사유 없이는 존재하지 않고, 사유는 그 주체인 영혼 없이 존재하지 않는다는 전제에서다.

아우구스티누스는 본서보다 조금 먼저 집필한 『독백』에서 사유의 대상인 학문(혹은 이념)의 영구성을 들어 영혼이 불사불멸함을 제시한 바 있다.[21] 그리고 『영혼 불멸』 첫머리부터 "만일 학문disciplina이 어디엔가 존재한다면, 그리고 살아 있는 어떤 주체 안이 아니면 존재하지 못한다면, 그리고 항상 존재한다면, 그리고 항상 존재하는 주체 안에 존재하는 무엇이어서 항상 존재하지 않을 수 없다면 학문이 그 안에 존재하는 그 주체는 항상 살아 있다"(1,1)[22]는 논지를 본서의 근간으로 삼고 있는데, 영혼에 깃드는 '이념의 영구성'에 비추어 영혼 불멸을 논증하는 방식은 전래적이지만, 이성혼理性魂의 고유한 활동인 '사유의 특성'을 분석하면서 사유 주체인 영혼이 불멸한다는 논리 전개는 아우구스티누스의 고유한 착상으로 평가될 만하다.

---

21 앞의 각주 8 참조.

22 다음과 같은 보완 논리도 뒤따른다. "불변하는 학문이 존재한다는 것은 아무도 부정하지 않는다. 또 항상 존재하는 것을 주체로 삼아 그 안에 존재하는 그 무엇도 항상 존재하지 않을 수 없다. 왜냐하면 항상 존재하는 것은 자체가 주체로 삼아 항상 그 안에 존재하는 주체가 자체에서 제거됨을 용납하지 못하기 때문이다"(본서 1,1).

2.2. 영혼 불멸에 관한 아우구스티누스의 논증

본서 제1부는 영혼 불멸을 나름대로 입증하고(1,1-3,4) 반론에 답변하는(4,6-6,11) 작업이다. 살아 있는 육체의 형상인 영혼의 기능인 이성ratio도, 영혼의 작용인 사유cogitatio도 '합성되지 않고 순수하다'는 점에서 영혼은 신체처럼 분해와 손상을 입지 않으리라는 전제로부터 영혼의 불멸을 유추한다. 인식 주체인 영혼과 그 주체의 고유 작용인 사유는 사실상 단일하며, 이념이라는 인식 대상이 불가분하므로 인식 주체도 불가분하여 쇠퇴와 소멸을 겪지 않는다는 논증(5,7-6,11)이다.[23]

2.2.1. "영혼의 인식 대상인 이념이 상존하므로 영혼은 불멸한다"

'영혼은 고유한 실체가 아니고 신체의 조화造化'라거나 '혼은 신체에 깃든 원소들의 조절'일 따름이라는 학설에 대해서[24] '신체의 조화가 존재한다면 신체를 주체로 삼아 그 안에 신체와 불가분하게 존재하지 않으면 안 된다. 그런데 인간 신체는 가변적인데 영혼이 거의 선천적으로 파악하는 기하학의 공리 같은 이념rationes은 불변한다. 주체가 변하면, 그 주체 안에 주체와 불가분하게 존재하던 것도 변해야 할 텐데, 저 불변하는 이념이 영혼에 항존하는 점으로 미루어 가변적인 신체의 조화

---

[23] "진리를 직관하는 영혼과 직관되는 진리 사이의 이 연계는 영혼이 주체이고 진리는 그 주체 안에 존재하는 무엇이거나, 그렇지 않으면 정반대로 진리가 주체이고 그 주체 안에 영혼이 존재하거나, 그것도 아니라면 진리와 영혼 둘 다 실체이거나 셋 가운데 하나다"(6,11).

[24] corporis temperatio: '신체의 조화'(harmonia corporis)와는 달리 '원소들의 조절'로 이루어지는 물리적 현상을 지칭한다. '조화'든 '조절'이든 신체를 주체로 삼아 존재하므로 그 주체와 더불어 소멸하리라고 전제한다. 키케로(『투스쿨룸 대화』Tusculanae disputationes 4,13, 30)는 억견과 판단이 조화를 이루는 '영혼의 건전'(sanitas animi), 곧 절도(temperantia)의 유추 개념으로 이 용어를 사용했다.

가 곧 영혼은 아니다'(2,2 참조)라는 논지로 답한다.[25] 더구나 이성혼의 고유한 대상은 이념 혹은 진리인데 그 대상은 우리 지성이 창조해 내는 것이 아니고 발견할 따름이라면,[26] 진리가 '사유로서의 영혼'에 존재 명분을 부여한다는 점에서, "영혼이 이념으로부터 분리되지 않고 이념과 결속해 있는 한, 영혼이 존속하고 살아 있음은 필연적이다"(6,11)라는 표현마저 가능하다. 진리는 영혼에 존재를 부여할 만큼 영혼에 영향을 끼친다. 진리 혹은 이념이야말로 최고로 존재하고, 자기에게서 영향을 받는 사물로 하여금 어느 모로든 존재하게 만들므로, 진리로부터 분리되지 않는 한 영혼은 사멸하지 않는다. 그런데 철학자들이 논증하는 대로, 영혼은 이념 혹은 진리로부터 분리될 수 없다. 따라서 영혼은 사멸할 수 없다.

2.2.2. "영혼에서 일어나는 운동이나 변화는 오히려 영혼의 불멸성에 관한 방증이다"

영혼에 수면과 각성, 망각과 기억, 무식과 우식이 교차하는 현상을 관찰하면, 영혼도 변화 생성을 겪는 사물이라고 하거나 결국 물체로 변질되어 신체처럼 사멸하리라는 유물론적 입장들도 반박해야 한다. 영혼은 공간에 속하지 않으므로 수면이나 무지나 망각으로 인해 자체로부터 소외되지도 않고, 연장延長이 아니므로 양적인 부분들로 합성되어

---

[25] "이념이 영혼과 불가분하게 또 영혼을 주체로 삼아 그 안에 존재하는 것이 필연성을 띤다면, 그리고 영혼은 생명 있는 영혼으로 존재하지 않을 수 없다면, 또 이념 역시 그 안에서 생명 없이 존재할 수 없고 따라서 이념이 불사불멸하다면, 영혼은 불사불멸한다. 과연 자기 주체가 존재하지 않으면 불변하는 이념도 절대로 존속하지 않을 것이다"(5,9).

[26] "우리가 우리 자신을 상대로 추리를 한다거나 어떤 자유 학예에 관해서 제삼자로부터 제대로 질문을 받을 적에 우리가 발견하는 무언가는 다른 곳 아닌 우리 영혼에서 발견한다. 그리고 '발견한다'는 것은 '만든다'거나 '산출한다'는 것과 같지 않다. 그렇지 않다면 시간적인 발견을 통해서 영원한 것들을 산출하는 셈이 된다"(4,6).

있지 않아 본성에 입각한 생성, 부패, 쇠퇴 과정을 겪지 않으므로 영혼에 우유적으로 발생하는 운동과 변화 때문에 물질적 존재로 변질하지도 않고, 제 고유한 형상('사유로서의 생명')도 상실하지 않는다는 답변을 내놓는다. 어리석은 영혼은 진리에서 멀고 그만큼 수준 낮은 존재이지만 영혼은 진리로부터 존재를 받는다. 진리의 상반자相反者는 허위다. 허위는 영혼을 그르치게 만들 수 있으나 영혼을 죽게 만들 수는 없다. 허위 혹은 그르침이 곧 사멸은 아니다. 살아 있는 자만 그르칠 수 있다.[27]

2.2.3. 반론을 통해서 보완하는 영혼의 불멸 입증

㉠ '영혼이 신체를 움직이면 영혼 자체도 움직이는 셈이고 움직인다는 것은 변한다는 말이므로 영혼 불멸은 억측이다!'라는 주장에는 "다른 것에 의해서 움직여지면서 자체를 움직이지 못하는 것은 모두 사멸하는 무엇이다. 그리고 사멸하는 것은 무엇이든지 불변하지 않는다. 그러므로 … 움직이는 모든 것이 변하는 것은 아니다"(3,3)라고 응대한다.[28]

㉡ '모든 운동과 변화에서는 일자一者가 다수多數로 분할되는데, 움직이는 주체 안에 그런 다수가 존재한다면 그 주체가 가변적이므로 결국 사멸한다!'는 반박에는 시가詩歌를 예거한다. 우리가 노래를 듣는 경우, 시간을 타고 흐르는 그 노래에 영혼은 뒤따라올 가사와 가락에 대한 기대期待와 더불어 지나간 가락과 가사에 대한 기억記憶이라는 초시간적

---

27 아우구스티누스는 회의론을 반박하면서 "내가 속는다면 나는 존재한다"(si fallor sum)라는 유명한 명제를 만들어 냈다(『신국론』 11,26).

28 "가변적인 것들을 움직이면서도 그 자체는 변하지 않는 무엇이 존재할 수 있다. … 운동자의 지향, 곧 물체를 움직이면서 그 물체를 자기가 원하는 목적까지 끌어가려는 지향이 변치 않는다고 하자. … 따라서 운동을 통해서 영혼에도 아마 모모한 변화가 일어난다고 할지라도, [그 때문에] 영혼이 당장 생명을 결한다고 생각해서는 안 된다"(3,4).

현상을 동시에 지각한다. "행위를 하고 있는 동안에는 무엇인가 존재할 수 있는데 그것은 아직 존재하지 않는 것들과 연관된다. 이렇게 행위자 안에 다수의 사물이 존재하는 일이 가능하다"(3,3). 즉 모든 운동과 변화에서는 일자一者가 다수多數로 분할되지만, 움직이는 주체에 어떤 다수가 존재한다고 해서 그 운동 주체가 반드시 가변적이어서 사멸한다는 말은 아니다.[29]

ⓒ '불변하는 이념이라지만 그 이념을 망각했다 상기했다 하는 주체 속에서 어떻게 항속한다는 말인가?'라는 물음에 '원圓에 관한 이념이 영혼에 항존하지만 늘 현실태로 인식되어 존속하는 것은 아니라고 대답한다. 음악가가 '문법'을 생각하는 동안에도 '음악'이 영혼에 상존하고 소멸되지는 않듯이(소멸되면 상기도 불가능하다), 현행으로 사유되고 있지 않더라도 무엇이 영혼에 항존함은 가능하다. 비록 두지나 망각으로 영혼이 이런 이념들을 아예 지니지 못한 것처럼 보이거나 아주 상실해 버린 것처럼 보일지라도 "원圓의 이치가 … 언젠가는 존재하지 않았다고 이해되는 일도 없고, 또 언젠가는 존재하지 않으리라고 이해되지도 않는다"(4,6).

ⓓ '영혼이 현명해질수록 진리로 전향하고 영혼이 그만큼 더 존재한다magis esse. 진리가 최고 존재라면, 영혼이 어리석어질 때에 그만큼 진리와 멀어지고 그만큼 덜 존재하므로minus esse 그만큼 무無를 향하는 움직임이어서, 어리석음이나 오류로 영혼이 결국 무화될 수 있다!' 무게

---

[29] "기대는 미래사에 관한 것이고 기억은 과거사에 관한 것이다. 그렇지만 무엇을 수행하려는 지향(指向)은 현재 시간의 것이고 그 현재를 통해서 미래가 과거로 옮겨 가고, 또 물체의 어떤 운동이 일단 개시되었다면 기억이 전혀 없이는 그 끝을 기대하는 일도 불가능하다"(3,3).

있는 반론이다. 물체 역시 조금씩 분할될수록 작아지고 그러면서 무에 가까워지지만, 정작 무로 돌아갈 만큼 작아지는 일는 결코 없다. 어떤 사물이 무를 향한다고 해서 무에 도달한다는 말은 아니다. 영혼이 아무리 무식하고 어리석어지더라도 물체보다 더 못하지는 않고, 어리석음으로 인해서 무화되지는 않는다. 비록 피조물이기는 하지만 영혼은 자립하는 실체로서 존재하므로 사멸하지 않는다(7,12).

ⓜ '영혼이 신체의 생명 자체라면 생명이 떠나는 순간 영혼도 죽는다!'는 명제에 '죽는 것은 영혼을 갖춘 신체corpus animatum이지 영혼anima이 아니다. 만일 생명이 떠나는 순간에 영혼마저 죽는다면, 영혼이 곧 생명이라는 말을 하고서 '생명이 죽는다'고 해서는 안 된다'는 요지로 답변한다(9,16). 영혼이 사멸하려면 영혼이 생명 자체를 본질로 하는 영혼 자체와 결별해야 한다는 모순이 발생한다. 생명을 앗기는 신체는 '영혼과 결별한 신체'corpus exanimatum, 곧 시체가 된다. 아리스토텔레스의 질료 형상론은 영육합성체 인간의 '실체적 단일성'을 살리는 이론이지, 영혼의 초월성을 감소시키는 이론이 아니다(10,17).

ⓗ '영혼이 스스로나 타자에 의해서 무화될 수도 있다!'(11,18-12,19)거나 '영혼이 무화되지는 않더라도 물체나 비이성혼으로 변할 수도 있다!'(13,20-16,25)는 반론은 비교적 길게 다뤄진다. 영혼이 아둔해지면 '더 못한 존재'로 변질되는 것이므로 결국 물체[신체]로 변하거나 적어도 비이성혼으로 변하여 짐승들처럼 사멸하지 않겠는가?

영혼은 신체보다 상위 존재로서 신체에 생명을 부여하여 '살아 있는 신체', 곧 '인간'이 되게 한다. 영혼이 신체[물체]가 된다면 신체보다 상위 존재가 아닐 터이므로 신체로서 존재하기를 '스스로' 원할 리 없다

(13,20).³⁰ 또 '모든 존재자에는 자기 보존의 법칙이 있다'(11,18). 영혼이 신체로 변한다면 신체의 고유한 형상을 박탈하고서 '신체로서의 영혼'이라는 형상을 부과하는 셈이다. 영혼이 전체적으로 활력을 계속 발산하고 통일성을 유지하면서 신체의 모든 감관에 골고루 영향력을 미치는 데 비해서, 신체는 일정한 공간에 갇히고 노쇠하고 병들어 죽어 가는 한계를 보더라도 '신체가 강요하여' 자기 상위 존재인 영혼을 신체[물체]로 만들 수는 없다(15,24-16,25). 신체가 자기 체구로 영혼에 영향을 끼쳐 영혼 본래의 형상을 상실하게 만들려면 영혼이 공간적으로 신체와 결합해 있어야 한다. 영혼이 연장延長되어 신체와 결합하지 않는 한, 영혼은 신체[물체]로 변할 수 없다.³¹

영혼보다 '상위의 존재'에 의해서 이성혼이 비이성혼으로 변할 수도 없다. 최고 존재자가 어떤 사물에 일정한 존재론적 위상을 부여하고서는 '강제로' 전보다 하위의 존재로, 자기로부터 더 멀리 떨어진 존재로 하향시키지는 않는다(13,21-22). "제일 존재자에게는 상반자가 아무것도 없으므로 그 존재자로부터 받는 것은 결코 상실할 수 없다"(12,19). '다른 상위 존재'에 의해서 그렇게 변질되지도 않는다. 영혼이 타락하더라도 자체의 악덕으로 타락하는 것이지, 타자에게서 강요받아 그렇게 되지는 않는다. 이성혼보다 상위의 영적 존재라면 이성혼을 강박하여 원래보다 못한 물체로 변하기를 바랄 리 없으리라.

---

30 '영혼은 신체보다 더 훌륭하고 더 강하다. 따라서 앞서 이미 말한 대로, 영혼을 통해서 신체가 존립하는 이상, 영혼이 신체로 전향하는 일은 결코 없을 것이다. 영혼을 통해서 형상을 받지 않는다면 그 여하한 신체도 생기지 않는 까닭이다'(15,24 참조).

31 영혼의 불멸은 영혼이 공간에 연장(延長)된 것이 아님을 전제한다. 이 문제는 본서의 후속 도서 『영혼의 위대함』*De quantitate animae*에서 다뤄진다.

3. 번역 원본과 현대어 번역본

(1) 본서 *De immortalitate animae*는 Wolfgangus Hörmann ed., *De immortalitate animae liber unus*, Sancti Aureli Augustini Opera Sect. I Pars IV [Corpus Scriptorum Ecclesiasticorum Latinorum(CSEL) LXXXIX]를 대본으로 번역하였다.

(2) W. Hörmann은 본서의 비판본을 마련하는 데 다음의 9~11세기 수사본을 따랐음을 명기하고 있다.

S   codex Sessorianus XVI (2101) bibl. nat. Romanae, saec. IX med.
T   codex Trevirensis bibl. municipalis 149, saec. IX med.
M   codex Ambrosianus M 1 sup. membr. 8, saec. IX med.
C   codex Casselanus 2 Ms. theol. 30, saec. IX
K   codex Augiensis perg. CCXXXVI bibl. publ. Badensis, saec. IX med.
L   codex Augiensis perg. XCV bibl. publ. Badensis, saec. IX med.
P   codex Parisinus lat. 2718 bibl. nat., saec. IX
A   codex Parisinus lat. 17389 bibl. nat., saec. IX med.
W   codex Guelferbytanus Gud. lat. 184 4, saec. IX med.
U   codex Parisinus lat.13361 bibl. nat., saec. XI

(3) 본서의 최초 인쇄본editio princeps은 다음과 같이 열거된다.

Parmensis 1491

Amerbachii Basileensis 1506

Erasmi Basileensis 1529

Theologorum Lovanensium 1576

Maurinorum Parisina 1679

(4) 본서의 현대어 번역본은 다음과 같으며 *표가 나오는 자료는 본서의 해제와 각주에 크게 참조된 작품들이다.

영어본:

G. Watson, *Saint Augustine, Soliloquies and Immortality of the Soul* (Warminster 1990)

L. Schopp, *Saint Augustine, The Immortality of the Soul*, Writings of Saint Augustine, in The Fathers of the Church, 4 (Washington, D.C. 1977)

C.W. Wolfskeel, *De immortalitate animae of Augustine* (Amsterdam 1977)

G.G. Leckie, *On the Immortality of the Soul*, in Basic Writing of Saint Augustine I (New York 1948²)

E. Tourscher, *On the Immortality of the Soul* (Philadelphia 1937)

독일어본:

H. Fuchs–H.P. Müller, *Von der Unsterblichkeit der Seel*, Aurelius Augustinus, *Selbstgespräche über Gott und die Unsterblichkeit der Seel* (Die Bibliothek der Alten Welt, Reihe Antike und Christentum) (München-Zürich 1986²)

프랑스어본:

* P. de Labriolle, *L'immortalité de l'âme*, Saint Augustin, Dialogues philosophiques (Bibliothèque Augustinienne 5) (Paris 1939/1948²)

* M. Pepin, *Augustine d'Hippone, De immortalitate animae* (U.E.R. de Philosophie) (Paris 1984)

S. Dupuy-Trudelle, *L'immortalité de l'âme* (St. Augustin, Dialogues philosophiques, Oeuvres I) (Paris 1998)

이탈리아어본:

Domenico Gentili, *L'immortalità dell'anima*, Opere di Sant'Agostino, Dialoghi I, Nuova Biblioteca Agostiniana III/1 (Roma 1970)

Giovanni Catapano, *L'immortalità dell'anima* in Agostino sull'anima, Testi a fronte 83 (Milano 2003)

Giuseppe Ballido, *L'immortalità dell'anima* (Napoli 2010)

스페인어본:

J. Bezic, *San Aurelio Agustin, La immortalidad del alma*, in Publicaciones del Instituto de Filosofia, Textos II (Buenos Aires 1953)

Lope Cilleruelo, *La immortalidad del alma*, Obras completas de San Agustin XXXIX, Escritos varios I, in Biblioteca de Autores Cristianos 499 (Madrid 1988)

AVRELIVS AVGVSTINVS

DE IMMORTALITATE ANIMAE

아우구스티누스
영혼 불멸

본문

Aurelius Augustinus *DE IMMORTALITATE ANIMAE*

I 1. Si alicubi est disciplina nec esse nisi in eo quod vivit potest et semper est neque quicquam, in quo quid semper est, potest esse non semper, semper vivit, in quo est disciplina. Si nos sumus qui ratiocinamur, id est animus noster, nec recte ratiocinari sine disciplina potest nec sine disciplina esse animus, nisi in quo disciplina non est, potest, est in hominis animo disciplina. Est autem alicubi disciplina, nam est et quicquid est, nusquam esse non potest. Item disciplina non potest esse nisi in eo quod vivit. Nihil enim, quod non vivit, aliquid discit nec esse in eo, quod nihil discit, disciplina potest. Item semper est disciplina. Nam quod est atque inmutabile est, semper sit necesse est. Esse autem disciplinam nemo negat. Et quisquis fatetur fieri non posse, ut ducta per medium circulum

---

1 Straton Lampsaci(B.C. 340~269): 사유를 감각의 연합으로 간주하여 영혼도 감각의 흐름을 전달하는 '기운'이라고 주장한 것으로 전해진다.

2 disciplina: 각별히 '자유 학예'(artes liberales)를 통해서 학습되는 지식을 가리킨다. 『재론고』(1,6)에는 『학예론』*De libris disciplinarum*이라는 제하에, "세례를 받으러 밀라노에 체류하면서 학예론을 써 보기로 했는데 『문법론』*De grammatica*과 『음악론』*De musica*만 탈고할 수 있었고 나머지는 시작만 하고 말았지만 그나마도 서고에서 사라져 버렸다"라는 기록이 남아 있다.

3 subiectum: sub-iaci(밑에 놓여 있다)라는 뜻대로는 '기체'(基體)라고도 표현할 만하다.

4 아우구스티누스는 본서의 기본 논지를 첫머리에 제시하고 있다.

아우구스티누스 『영혼 불멸』

스트라톤[1]의 주장과 반대로, 학문이 깃드는 영혼은 사멸하지 않는다

1.1. 만일 학문學問[2]이 어디엔가 존재한다면, 그리고 살아 있는 어떤 주체[3] 안이 아니면 존재하지 못한다면, 그리고 항상 존재한다면, 그리고 항상 존재하는 주체 안에 존재하는 무엇이어서 항상 존재하지 않을 수 없다면 학문이 그 안에 존재하는 그 주체는 항상 살아 있다.[4] 추리[5]를 행하는 우리가 만일 존재한다면, 곧 우리 영혼[6]이 존재한다면, 그리고 학문 없이 올바로 추리하지 못한다면, 또 (영혼에 학문이 아직 존재하지 않는 경우가 아닌 한) 영혼이 학문 없이 존재할 수 없다면, 그렇다면 학문은 인간의 영혼 안에 존재한다. 그런데 어디엔가 학문은 존재한다. 왜냐하면 학문은 엄연히 존재하고, 존재하는 한 어디에도 존재 않는 일은 불가능한 까닭이다. 아울러 학문은 살아 있는 어떤 주체 안이 아니면 존재하지 못한다. 왜냐하면 살아 있는 사물이 아니면 아무것도 학습하지 못하는 까닭이고[7] 아무것도 학습하지 못하는 것을 주체로 삼아 학문이 존재할 수 없는 까닭이다.[8]▶ 아울러 학문은 항상 존재한다. 왜

---

[5] ratiocinatio: ratio 곧 '이성'["영혼의 시선, 그것이 이성이다"(aspectus animae ratio est): 『독백』 1,6,13]의 모든 활동을 가리키므로 '추리'라고 번역해 본다. 흔 문론에서 정의(定義), 분석(分析)과 구분하는 경우 '추론'(推論)으로 표기된다.

[6] animus: 모든 생명체의 생명 원리인 혼백(anima)과 구분해서, 그의 초기 저작에서는 인간의 이성혼(理性魂)을 가리킨다. 그러나 본서에서는 anima와 구분 없이 쓰이기도 한다.

[7] '학문'(disciplina)이라는 어휘는 '배우다, 학습하다'(discere)라는 동사에서 유래한다.

linea non sit omnium, quae non per medium ducuntur, maxima, idque esse alicuius disciplinae, inmutabilem disciplinam esse non negat. Item nihil, in quo quid semper est, potest esse non semper. Nihil enim, quod semper est, patitur sibi subtrahi aliquando id, in quo semper est. Iamvero cum ratiocinamur, animus id agit. Non enim id agit nisi qui intellegit. Nec corpus intellegit nec animus auxiliante corpore intellegit quia, cum intellegere vult, a corpore avertitur. Quod enim intellegitur, eiusmodi est semper nihilque corporis eiusmodi est semper. Non igitur potest adiuvare animum ad intellectum nitentem, cui non impedire satis est. Item nemo sine disciplina recte ratiocinatur. Est enim recta ratiocinatio a certis ad incertorum indagationem nitens cognitio nihilque certum est in animo quod ignorat. Omne autem, quod scit animus, in sese habet

---

◀8 훗날, '하느님'은 예외라고 보완한다. 『재론고』 1,5,2: "그 책에서 나는 인간의 영혼 외에 아무것도 생각하지 않으면서 같은 책의 어느 논증에서 '아무것도 학습하지 못하는 [것을 주체로 삼아] 학문이 존재할 수 없다'는 말을 하였다. … 내게 하느님은 어떤 학문도 배우지 않는 분이며, 그러면서도 모든 사물에 관한 지식 — 그중에는 미래사에 관한 지식도 있다 — 을 가진 분이라는 생각이 머리에 들어오지 않았던 것이다."

9 『질서론』(1,2,3)에서도 원과 중심(中心)의 관계를 불변하는 공리처럼 예거한다.

10 『독백』 2,19,33: "어떤 학문이 마치 주체 안에 있듯이 영혼 안에 불가분하게 존재하고 있다면, 또 진리가 소멸할 수 없다면, … 우리가 영혼의 영구한 삶에 관하여 뭘 여전히 의심하는지 묻고 싶다."; 플로티누스 『엔네아데스』 *Enneades* 4,7,8: "덕성은 기하학의 대상처럼 영원하고 항속적이어야 한다. 그것들이 영속하고 항속적이라면 물체가 아니다. 그렇다면 그것들이 주체로 삼아 존재하는 사물도 같아야 한다. 따라서 물체가 아니다. 물체는 항속적이 아니고 변전하는 까닭이다."

11 훗날 이 명제를 이렇게 수정한다. "'인식을 하는 것은 항상 여일하게 존재한다'라고 한 말도 그렇다[= 틀렸다]. 영혼도 인식을 하지만 항상 여일하지는 않기 때문이다"(『재론고』 1,5,2).

냐하면 존재하면서 또 불변하는 것은 항상 존재하지 않으면 안 되는 까닭이다. 학문이 존재한다는 것은 아무도 부정하지 않는다. 그런데 원에서 중심을 통과하는 직선은 원 안에 있으면서 중심을 통과하지 않는 모든 직선들 가운데 가장 길지 않다는 말은 있을 수 없다는 점은 누구나 공언하며, 그 명제 역시 어떤 특정한 학문의 명제라는 점도 누구나 수긍한다.[9] 그러므로 불변하는 학문이 존재한다는 것은 아무도 부정하지 않는다. 또 항상 존재하는 것을 주체로 삼아 그 안에 존재하는 그 무엇도 항상 존재하지 않을 수 없다. 왜냐하면 항상 존재하는 것은 자체가 주체로 삼아 항상 그 안에 존재하는 주체가 자체에서 제거됨을 용납하지 못하기 때문이다.[10] 우리가 추리를 행할 때 그 일을 수행하는 것은 영혼이다. 그런데 인식을 행하는 주체가 아니면 그 일을 수행하지 못한다. 그리고 신체는 인식을 하지 못하고, 또 영혼이 신체의 조력을 받아서 인식을 하는 것도 아니니, 영혼이 인식하고자 할 때에는 오히려 신체를 등지는 까닭이다. 인식을 하는 것은 항상 여일하게 존재한다.[11] 하지만 신체의 것은 항상 여일하게 존재하는 바가 아무것도 없다. 그래서 영혼이 인식을 얻으려고 노력하는 데 신체는 영혼을 돕지 못하고, 되레 영혼에게 지장이 되지 않는 것으로 족하다.[12] 뿐만 아니라 학문이 없다면 아무도 올바로 추리하지 못한다. 올바른 추리란 확실한 사물로부터 불확실한 사물들에 관한 탐구를 향해 노력하는 사유이고, 영혼이 전혀 모르는 바는 그 무엇도 영혼에 확실하지 않다. 그 대신 영혼이 아

---

[12] 신플라톤 사상(e.g., 『엔네아데스』 4,7,8)의 영향이 짙은 표현인데 먼 후일 『삼위일체론』에서는 입장을 수정한다. "저 철학자들은 주로 신체의 감관을 두고 시비를 걸었다. … 신체의 감관을 통해서 우리가 배운 바를 의심하는 일은 결코 있어서는 안 된다. 우리는 감관을 통해서 하늘과 땅을 배웠다"[(성염 역주, 분도출판사 2015) 15,12,21].

nec ullam rem scientia complectitur, nisi quae ad aliquam pertineat disciplinam. Est enim disciplina quarumcumque rerum scientia. Semper igitur humanus animus vivit.

II 2. Ratio profecto aut animus est aut in animo. Melior autem ratio nostra quam corpus nostrum, et corpus nostrum nonnulla substantia est et melius est esse substantiam quam nihil. Non est igitur ratio nihil. Rursum, quaecumque harmonia corporis est, in subiecto corpore sit necesse est inseparabiliter, nec aliud quicquam in illa harmonia esse credatur, quod non aeque necessario sit in subiecto illo corpore, in quo ipsa harmonia non minus inseparabiliter. Mutabile est autem corpus humanum et inmutabilis ratio. Mutabile enim omne, quod semper eodem modo non est. Et semper eodem modo est, 'duo et quattuor sex'. Item semper eodem modo est, quod 'quattuor habent duo et duo; hoc autem non habent duo: duo

---

13 앞의 각주 8 참조.

14 quarumcumque rerum scientia: 사본에 따라서는 quacumque rerum scientia("사물에 관한 여하한 지식도")라고 되어 있어 어감이 다르다.

15 Aristoxeno Taranti(B.C. ca.375~ca.335): 영혼을 신체의 조화 내지 신체를 살리는 제일 활력($\dot{\epsilon}\nu\tau\epsilon\lambda\acute{\epsilon}\chi\epsilon\iota\alpha$)으로 간주하였고, 부분으로 분할되는 점으로 미루어 불멸하지 않는다고 주장하였다.

16 라틴어 ratio는 '이성'(理性), '이치'(理致), '이념'(理念), 심지어 '비례'(比例)로도 번역된다. 본서에서는 정신 기능으로서는 '이성', 사물의 조리나 법칙으로서는 '이치'로 옮긴다.

는 것은 모두 영혼이 자체 안에 간직하며, 또 지식이 어떤 사물을 포착하는 경우, 어느 일정한 학문에 속하는 것으로서가 아니면 아무것도 포착하지 않는다.[13] 그 이유는 여하한 사물들에 관한 지식도[14] 곧 학문이기 때문이다. 그러므로 인간 영혼은 항상 살아 있다.

아리스토크세노[15]의 주장과 반대로, 정신 곧 이성은 단지 신체의 조화가 아니다

2.2. 이성理性[16]은 그 자체가 영혼이거나 영혼 안에 있거나 둘 중 하나다. 우리 이성이 우리 신체보다 더 훌륭하지만 신체도 어엿한 실체實體[17]이고 허무보다는 어떤 실체가 되는 편이 더 낫다. 그러므로 이성이 허무는 아니다. 그리고 다시 어떤 조화調和든, 신체의 조화가 존재한다면[18] 신체를 주체로 삼아 그 안에 신체와 불가분하게 존재하지 않으면 안 된다. 그리고 다시 그 조화 속에 다른 무엇이 존재한다고, 똑같이 필연적으로 그 신체를 주체로 삼아 그 안에 존재하지 않는 무엇이 존재한다고 믿어서는 안 된다. 저 조화 역시도 그에 못지않게 그 신체 안에 존재하듯이 말이다. 그런데 인간 신체는 가변적이고 이성은 불변한다. 항상 여일하게 존재하지 않는 것은 모두 가변적이다. 그렇지만 "둘 더하기 넷은 여섯"이라는 사실은 항상 여일하다. 마찬가지로 "넷은 둘을 둘 가

---

[17] substantia의 정의: "실체라는 용어는 물체에 있는 색깔이나 형태처럼 어떤 주체(主體) 속에 존재한다고 언표되는 사물들에게 주체가 되는 그런 사물들에 대해서 [쓰일 때] 제대로 알아듣는 것이다. 물체는 존립하며 따라서 실체이다"(『삼위일체론』 7,5,10). 여러 저서에서 substantia vel essentia vel natura라는 표현으로 '존재'(존재자), '자연 본성'과 동의어로 나온다. 물론 "존재한다는 그 점에서 존재라고 불리듯이 존립한다는 그 점에서 실체라고 언표한다"는 구분도 있다(같은 책 7,4,9).

[18] 교부가 키케로(『투스쿨룸 대화』 1,9,19; 1,11,24)에서 읽었을 법한 이 사조는 플라톤(『파이돈』 Phaedo 85-91)과 아리스토텔레스(『영혼론』 De anima 407b-403a)가 반박한 바 있으며, 이하의 논박도 그 대가들의 논지를 따르고 있다.

igitur quattuor non sunt'. Est autem ista ratio; inmutabilis igitur ratio est. Nullo modo autem potest mutato subiecto id, quod in eo est inseparabiliter, non mutari. Non est igitur harmonia corporis animus. Nec mors potest accidere inmutabilibus rebus. Semper ergo humanus animus vivit, sive ipse ratio sit sive in eo ratio inseparabiliter.

III 3. Quaedam constantiae virtus est et omnis constantia inmutabilis est et omnis virtus potest aliquid agere nec, cum agit aliquid, virtus non est. Omnis porro actio ‹aut› movetur aut movet. Aut igitur non omne, quod movetur, aut certe non omne, quod movet, mutabile est. At omne, quod ab alio movetur nec movet ipsum, aliquid mortale est. Neque mortale quicquam inmutabile. Quare de certo iam et sine ulla disiunctione concluditur non omne, quod movet, mutari. Nullus autem motus sine substantia; et omnis substantia aut

---

19 『자유의지론』(2,8,21)에서도 같은 이치를 논한다.

20 이하(1,5,8)에서 설명하지만 소위 '실체적 변화'가 있다면 수반되는 우유(偶有)에도 변화가 온다(『독백』 2,12,22-13,23).

21 논지를 간추리면 '영혼이 신체의 조화라면, 신체에 불가분하게 존재하는 이치도 그럴 것이다'. '그렇다면 신체가 변하는 한 이치도 변해야 한다.' '그런데 수의 이치에서 보듯이 이 치는 변하지 않는다.' '따라서 영혼은 신체의 조화가 아니다.'

22 Alexandros Aphrodisiae(198~209경 활동): 아리스토텔레스가 말한 능동 지성($νοῦς$ $ποιητικός$)을 별도 존재로 보고, 개인에게 있는 수동 지성($νοῦς$ $παθητικός$)이나 습득 지성($νοῦς$ $ἐπίκτητός$)은 사멸한다고 주장하였다.

진다. 하지만 둘이라는 숫자가 둘 더하기 둘은 넷이라는 사실을 내포하는 것은 아니다. 그리고 둘이 곧 넷은 아니다"라는 사실도 항상 여일하다.[19] 저것은 하나의 이치理致이며 따라서 이치는 불변한다. 그런데 주체가 변하고 나면, 그 주체 안에 주체와 불가분하게 존재하던 것이 변하지 않는다는 것은 불가능하다.[20] 그러므로 영혼이 신체의 조화는 아니다. 또 불변하는 사물들에 죽음이 닥칠 수도 없다. 따라서 영혼은 항상 살아 있고, 영혼 자체가 이성이거나 영혼 안에 이성이 불가분하게 자리 잡고 있거나 한다.[21]

알렉산드로스[22]의 주장과 반대로, 영혼은 어떤 능력이고 실체다[23]

3.3. 항속恒續의 능력[24]이라는 것이 존재하고,[25] 일체의 항속은 불변하는 것이며, 일체의 능력은 뭔가를 수행할 수 있고, 또 무엇인가를 수행하고 있는 한[26] 능력이 없는 것은 아니다. 모든 행위는 다른 것에 의해서 움직여지거나 스스로 움직인다. 그렇다면 움직여지는 모든 것, 아니면 적어도 스스로 움직이는 모든 것이 가변적인 것은 분명 아니다. 하지만 다른 것에 의해서 움직여지면서 자체를 움직이지 못하는 것은 모두 사멸하는 무엇이다. 그리고 사멸하는 것은 무엇이든지 불변하지

---

23 본서 바로 다음의 저작(『영혼의 위대함』 13,22)에 나오는 영혼의 정의 참조: "영혼이란 신체를 다스리기에 적합한, 이성을 갖춘 어떤 실체다"(esse substantia quaedam rationis particeps regendo corpori adcommoda).

24 virtus: vis, potentia와 더불어 쓰이며(구분은 『영혼의 위대함』 21,35 참조) virtus는 인간의 자유의지가 간여하는 '능력 행사'를 주로 가리킨다(『교사론』*De Magistro* 13,43 참조).

25 사본에 따라서는 quaedam constantia virtus est("능력은 모종의 항속이다")로 되어 있다.

26 cum agit aliquid: 사본에 따라서는 cum non agit aliquid로 되어 있어서 '무엇인가를 수행하고 있지 않더라도 능력이 아닌 것은 아니다'라는 번역이 가능하다.

vivit aut non vivit; atque omne, quod non vivit, exanime est, nec est ulla exanimis actio. Illud igitur, quod ita movet, ut non mutetur, non potest esse nisi viva substantia. Haec autem omnis per quoslibet gradus corpus movet. Non igitur omne, quod corpus movet, mutabile est. Corpus autem non nisi secundum tempus movetur; ad hoc enim pertinet tardius et celerius moveri. Conficitur esse quiddam, quod tempore moveat nec tamen mutetur. Omne autem, quod tempore movet‹ur› corpus, tametsi ad unum finem tendat, tamen nec simul potest omnia facere nec potest non plura facere; neque enim valet, quavis ope agatur, aut perfecte unum esse, quod in partes secari potest, aut ullum est sine partibus corpus aut sine morarum intervallo tempus aut vero vel brevissima syllaba enuntietur, cuius non tunc finem audias, cum iam non audis initium. Porro, quod sic agitur, et exspectatione opus est, ut peragi, et memoria, ut comprehendi queat, quantum potest. Et exspectatio

---

27 플라톤(『파이드로스』*Phaedrus* 245c)의 논리대로, 어떤 사물이 움직인다는 점에서만 가변적이라고 단정할 수 없다면, '능력'(virtus)처럼 스스로 움직이는 현상에서 보듯이 '가변적'이 아닌 '운동'이 존재한다.

28 본서에 나타나는 영혼의 또 다른 정의: "영혼은 자체의 현존으로 지상적이고 사멸할 신체를 살리고, 신체를 하나로 묶고 하나로 보전한다"(『영혼의 위대함』 33,70). 앞의 각주 23 참조.

29 quod tempore movet‹ur›: 사본이 movet이나 movetur로 나오는데 Hörmann은 택일을 하지 않고 애매하게 movet‹ur›로 표기하였으나 문맥상 movet로 번역한다.

30 "시간 속에서가 아니면 어떤 물체도 움직이지 않습니다. … 물체의 운동 자체가 시간이라고는 듣지 못합니다. … 물체가 움직일 때면, 움직이기 시작해서 움직임을 그만두기까지 얼마 동안 움직이는지를 저는 시간으로 잽니다"[『고백록』*Confessiones*(성염 역주, 경세원 2016) 11,24,31].

않는다. 그러므로 여기서 확실하게, 별도의 세분 없이 다음과 같이, "움직이는 모든 것이 변하는 것은 아니다"²⁷라고 결론지을 수 있다. 그리고 여하한 운동도 실체 없이는 이루어지지 않으며, 또 모든 실체는 살아 있거나 살아 있지 않거나 둘 중 하나이고, 또 살아 있지 않은 것은 모두 생명이 없는데, 여하한 행위도 생명 없이 일어나지 않는다. 그러므로 움직이면서도 변하지 않는 주체는 살아 있는 실체가 아닐 수 없다.²⁸ 이런 실체는 모두, 여하한 단계를 거치든 간에 물체를 움직인다. 따라서 물체를 움직이는 모든 것이 가변적이지는 않다. 또 물체는 시간을 경과하지 않고는 움직여지지 않는데, 더 느리게나 더 빨리 움직인다는 말이 바로 여기에 해당한다.²⁹ 그렇다면 시간으로 움직이면서도 변하지 않는 무엇이 존재한다는 말이 나온다. 시간으로 물체를 움직이는 ³⁰ 모든 것은, 비록 단일한 어떤 목적을 지향할지라도, 모든 것을 동시에 이행할 수는 없지만 그렇다고 해서 동시에 많은 것을 행할 수 없는 것도 아니다. 또 부분들로 쪼개질 수 있는 것들은, 어떤 기능으로 작용하든 상관없이,³¹ 온전히 하나³²일 수 없고, 어떤 물체도 부분들 없이 존재하지 않으며, 어떤 시간도 시간 간격 없이 존재하지 않고, 제아무리 짧은 음절일지라도 그대가 그 첫소리를 듣기 전에 그 마지막 소리가 들리게 발음될 수 없는 법이다. 이럴 경우 그 발성이 완료되기 바라는 기대期待가 있어야 하고, 할 수 있는 만큼 파악하고 있는 기억記憶이 있

---

31 quavis ope agatur: '어떤 단일 목표를 두고 작용하더라도'라는 번역도 가능하다.

32 '단일성' 혹은 '일자'(一者, unum)는 사물의 형이상학적 원리다. "그분은 일자이시니, 그분을 창조자로 하여 우리가 만들어졌고, 그분과 비슷함 때문에 단일성을 형성해 가며, 그분과의 평화로 인하여 이 단일성에 우리가 결합되어 있다"(『참된 종교』(성염 역주, 분도출판사 1988/2011²) 55,113].

영혼 불멸 39

futurarum rerum est, praeteritarum vero memoria. At intentio ad agendum praesentis est temporis, per quod futurum in praeteritum transit, nec coepti motus corporis exspectari finis potest sine ulla memoria. Quomodo enim exspectatur, ut desinat, quod aut coepisse excidit aut omnino motum esse? Rursus intentio peragendi, quae praesens est, sine exspectatione finis, qui futurus est, non potest esse; nec est quicquam, quod aut nondum est aut iam non est. Potest igitur in agendo quiddam esse, quod ad ea, quae non sunt, pertineat. Possunt simul in agente plura esse, cum ea plura, quae aguntur, simul esse non possint. Possunt ergo etiam in movente, cum in eo, quod movetur, non possint. At quaecumque in tempore simul esse non possunt et tamen a futuro in praeteritum transmittuntur, mutabilia sint necesse est.

4. Hinc iam conligimus posse esse quiddam, quod, cum movet mutabilia, non mutatur. Cum enim non mutatur moventis intentio

---

33 키케로(『투스쿨룸 대화』 1,27,66)에게서 시간의 세 차원을 읽었을 교부는 여기서 물체적 운동의 시간적 전개가 그 운동을 발생시키는 영혼의 가변성을 초래하는 것은 아님을 지적하고자 한다.

34 아우구스티누스에게 시간은 지나가는 사물이 지나가면서 영혼에 남기는 각인(刻印)의 척도다. 영혼의 지향이 발휘하는 기대와 기억으로 지나간 시간과 닥쳐올 시간이 현재라는 시점에 수렴된다. 이 점은 그의 『고백록』(11,20,26)에서 자세히 성찰된다.

35 행위하는 자에게는 현재의 지향, 미래의 기대, 과거의 기억이 동시에 공존할 수 있다. 단 그 셋이 동시에 수행되지는 않고 번갈아 의식에 떠오른다(『고백록』 10권에서 상론된다).

어야 한다. 기대는 미래사에 관한 것이고 기억은 과거사에 관한 것이다.[33] 그렇지만 무엇을 수행하려는 지향指向은 현재 시간의 것이고 그 현재를 통해서 미래가 과거로 옮겨 가고, 또 물체의 어떤 운동이 일단 개시되었다면 기억이 전혀 없이는 그 끝을 기대하는 일도 불가능하다.[34] 어떤 사물이 움직이기 시작했다는 사실이 기억에서 벗어났거나 움직임이 있다는 사실마저도 감지하지 못하면 어떻게 그 움직임이 그치기를 기대하겠는가? 그런가 하면 수행하는 바를 완료하겠다는 지향 ─ 그 지향은 어디까지나 현재의 것이다 ─ 은 끝을 내다보는 기대 ─ 그 끝은 미래의 것이다 ─ 가 없이는 존재하지 못한다. 또 아직 존재하지 않고 이미 존재하지도 않은 것은 전혀 존재하지 않는다. 따라서 행위를 하고 있는 동안에는 무엇인가 존재할 수 있는데 그것은 아직 존재하지 않는 것들과 연관된다. 이처럼 행위자行爲者 안에 다수의 사물이 동시에 존재하는 일이 가능하다. 행해지는 그 다수가 동시에 존재하는 일은 불가능할지라도 말이다.[35] 따라서 사물을 움직이는 운동자運動者 안에도 다수의 사물이 동시에 존재하는 일이 가능하다. 움직여지는 사물 안에서는 그것이 불가능할지라도 말이다. 그러나 일정한 시각에 동시에 존재할 수 없는 것, 하지만 미래에서 과거로 옮겨 가는 것들이라면 필연적으로 가변적인 것들이다.

그러므로 영혼은 변하지도 사멸하지도 않는다

  3.4. 이렇게 되면 가변적인 것들을 움직이면서도 그 자체는 변하지 않는 무엇이 존재할 수 있다는 데에 우리가 의견을 모으게 된다. 또 운

perducendi ad finem, quem volet, corpus quod movet, illudque corpus, de quo aliquid fit, eodem motu per momenta mutetur atque illa intentio perficiendi, quam inmutatam manere manifestum est, et ipsa membra artificis et lignum aut lapidem artifici subiectum moveat, quis dubitet consequens esse quod dictum est? Non igitur, si qua mutatio corporum movente animo fit, quamvis in eam sit intentus, hinc eum necessario mutari et ob hoc etiam mori arbitrandum est. Potest enim in hac intentione simul et memoriam praeteritorum et exspectationem futurorum habere, quae omnia sine vita esse non possunt. Quamquam, etsi nullus interitus sine mutatione sit et nulla mutatio sine motu, non tamen omnis mutatio interitum omnisque motus mutationem operatur. Licet enim ipsum corpus nostrum et motum plerumque qualibet actione et mutatum certe vel aetate dicere, tamen nondum interisse, id est non esse sine vita. Liceat igitur et animum non continuo putare privari vita, quamquam ei fortasse per motum mutatio nonnulla contingat.

---

36 시간의 세 차원, 곧 기억과 기대와 지향을 교부는 후일 이렇게 종합한다. "그러므로 이 셋, 곧 기억, 이해, 의지는 세 개의 생명이 아니고 하나의 생명이며, 세 개의 지성이 아니고 하나의 지성이며, 따라서 의당히 세 개의 실체가 아니고 하나의 실체다. 기억은 생명이라고도 하고 지성이라고도 하고 실체라고도 하는데 [이때는 기억] 자체와 연관하여 하는 말이다"(『삼위일체론』 10,11,18).

37 3장(3,3-4)은 영혼을 단지 '생명의 원리'로 간주하는 사상과 영혼의 불멸을 주장하는 플라톤 사상이 한데 통합되는 사조를 반영한다.

동자의 지향, 곧 물체를 움직이면서 그 물체를 자기가 원하는 목적까지 끌어가려는 지향이 변치 않는다고 하자. 그리고 저 물체에는 무슨 일이 이루어지는 가운데 바로 그 운동에 의해서 저 물체는 순간순간을 거치면서 변한다고 하자. 또 그러한 가운데서도 그 일을 완수하겠다는 저 지향 — 그 지향이 변함없이 존속함은 분명하다 — 이 예술가의 사지를 움직이고 예술가에게 맡겨진 저 나무와 돌을 움직인다고 하자. 그럴 경우에 위에서 말한 바가 결론으로 따라온다는 사실에 누가 의심을 제기하겠는가? 따라서 영혼이 움직여 줌으로써 물체들의 어떤 변화가 이루어진다면, 비록 영혼이 그 변화에다 지향을 넣었을지라도, 변화를 일으키는 영혼도 필히 변하고 따라서 그 점 때문에 또한 죽는다고 여겨서는 안 된다. 또 이 지향에는 과거사에 대한 기억도 미래사에 대한 기대도 동시에 내포될 수 있는데, 이 모든 일은 생명 없이는 있을 수 없다.[36] 그러므로 어떤 사멸死滅도 변화變化 없이는 있지 않고 어떤 변화變化도 운동運動 없이는 생기지 않기는 하지만, 다만 모든 변화가 사멸을 초래하는 것은 아니고 모든 운동이 변화를 초래하는 것도 아니다. 그렇게 본다면 우리 신체가 여러 가지 작용에 의해서 많이 움직인다고 말하고, 심지어 나이만으로도 분명히 변화를 보인다고 할 만하지만, 그렇다고 신체가 아직 사멸한 것은 아니라고, 다시 말해서 생명 없이 존재하는 것은 아니라고 하겠다. 따라서 운동을 통해서 영혼에도 아마 모모한 변화가 일어난다고 할지라도, 그 때문에 영혼이 당장 생명을 결한다고 생각해서는 안 된다.[37]

IV 5. Si enim manet aliquid inmutabile in animo, quod sine vita esse non possit, animo etiam vita sempiterna maneat necesse est. Nam hoc prorsus ita se habet, ut, si primum est, sit secundum. Est autem primum. Quis enim, ut alia omittam, aut rationem numerorum mutabilem esse audeat dicere; aut artem quamlibet non ista ratione constare; aut artem non esse in artifice, etiam cum eam non exercet; aut eius esse nisi in animo; aut, ubi vita non sit, esse posse; aut quod inmutabile est, aliquando esse non posse; aut aliud esse artem, aliud rationem? Quamvis enim ars una multarum quasi quidam coetus rationum esse dicatur, tamen ars etiam una ratio dici verissime atque intellegi potest. Sed sive hoc sive illud sit, non minus inmutabilem artem esse conficitur. Artem autem non solum esse in animo artificis, sed etiam nusquam esse nisi in animo manifestum est, idque inseparabiliter. Nam si ars ab animo separabitur, aut erit praeter quam in animo aut nusquam erit aut de animo in animum continuo transibit. At ut sedes arti nulla sine vita est, ita

---

38 자유 학예의 지식이 영혼에 현존한다는 사실을 들어 앞의 결론 — "영혼이 변화를 겪으면서도 생명이 존속한다" — 을 강화한다. 그 지식도 불변하면서 또 생명 없이 존속하지 못한다는 점에서다. 영혼이 변화를 겪는 이유로 생명을 상실한다면, 저런 지식이 영혼에 현전하는 일은 불가능하다. 그러므로 그런 지식을 보유하는 영혼의 무궁한 생명은 가능할뿐더러 필연적이다.

39 만물이 "형상(形相)을 지닌 것은 다름 아닌 수(數)를 지녔기 때문이다. 그들에게서 형상과 수를 제거해 보라. 허무가 될 것이다. … 그것들이 수에 귀속되는 그만큼 존재를 가지는 것이기 때문이다"(『자유의지론』 2,16,42). 『질서론』(특히 2,12,35-18,47)은 자유 학예가 '수의 이치'(ratio numerorum)에 기반을 두는 학문임을 논증하였다.

그 까닭은 영혼에 예술과 이치가 존재하기 때문이다[38]

4.5. 그러니까 만일 불변하는 무엇이 영혼 안에 존속한다면, 그리고 그것이 생명 없이 존재할 수 없는 것이라면, 영혼에 영구한 생명이 존속함은 필연적이다. 사정이 이렇게 될 수밖에 없는 것은 첫째 명제가 맞다면 둘째 명제도 맞는 까닭이다. 그런데 첫째 명제는 맞다. 다른 얘기들은 빼놓더라도 수數의 이치가 가변적이라는 말을 누가 감히 하겠으며 어떠한 예술藝術도 그 이치에 의해서 성립하는 것이 아니라는 말을 누가 감히 하겠는가?[39] 또 예술가가 예술을 발휘하지 않는 시간에도 예술이 예술가 안에 있지 않다고 누가 말하겠으며, 또 예술이 영혼에 있지 않으면서도 예술가의 것이라는 말을 누가 하겠으며, 또 생명이 없는 곳에 예술이 존재할 수 있다고 누가 말하겠으며, 불변하는 사물이 언젠가는 존재하지 않을 수도 있다는 말을 누가 하겠으며, 예술이 다르고 이치가 다르다는 말을[40] 누가 하겠는가? 비록 단일한 예술이 다수 이치들의 총화總和라는 말도 되겠지만, 예술이 곧 단일한 이치라는 말도 극히 진실하고 또 그렇게 인식될 만하다. 이 말이 맞든 저 말이 맞든 예술의 불변성이 덜해지는 것은 아니다. 예술은 예술가의 영혼 안에 있을뿐더러, 영혼 안에서가 아니면 어디에도 존재하지 않고, 영혼과 불가분하게 존재한다는 사실도 분명하다. 왜 그런가 하면 예술이 영혼으로부터 분리될 경우에, 영혼 속이 아닌 밖에 존재하거나, 어디에도 존재하지 않거나, 영혼에서 영혼으로 끊임없이 유전流轉할 것이기 때문이

---

[40] "그대에게는 예술이 곧 어떤 이치로(ars ratio esse quaedam) 보이는가? 예술을 발휘하는 사람은 이치를 발휘하는 것이다"(『음악론』 1,4,6). 교부의 학문론에서 ars(τέχνη의 역어)와 ratio(ἰδέα 또는 λόγος의 역어)가 동일시되고 혼용된다. ratio의 다양한 번역은 앞의 각주 16 참조.

nec vita cum ratione ulli nisi animae. Nusquam porro esse, quod est, vel, quod inmutabile est, non esse aliquando qui potest? Si vero ars de animo in animum transit, in illo mansura, deserens istum, nemo artem docet nisi amittendo aut etiam non nisi docentis oblivione fit aliquis peritus sive morte. Quae si absurdissima et falsissima sunt, sicuti sunt, inmortalis est animus humanus.

6. At enim si ars aliquando est, aliquando non est in animo, quod per oblivionem atque imperitiam satis notum est, nihil ad eius inmortalitatem adfert argumenti huius conexio, nisi negatur antecedens hoc modo: aut est aliquid in animo, quod in praesenti cogitatione non est, aut non est in erudito animo ars musica, cum de sola geometrica cogitat. Hoc autem falsum est; illud igitur verum. Non autem quicquam se habere animus sentit, nisi quod in cogitationem venerit. Potest igitur aliquid esse in animo, quod esse in se animus

---

41 vita cum ratione: '이성을 갖춘 생명'이라고 번역할 수도 있다.

42 이 대목은 후에 다음과 같이 수정된다. "'이념을 갖춘 생명이라는 것은 영혼 아니면 아무 처소에도 존재하지 않는다'라고 한 말도 그런 것이다. 하느님께도 생명은 이념을 갖추지 않은 채로 존재하는 것이 아니다. 그분에게는 최고의 생명이 있고 최고의 이념이 있는 까닭이다"(『재론고』 1,5,2).

43 아우구스티누스는 '가르침'이란 스승의 지성에서 제자의 지성으로 지식이 전수된다기보다는 스승과 제자가 공히 알고 있는 바를 스승이 일깨워 주어 제자가 발견하는 활동처럼 설명한다(『교사론』 11,40-12,41).

다. 하지만 생명이 없는 어떤 처소도 예술에는 존재하지 않고, 이념을 갖춘 생명[41]이라는 것은 영혼 아니면 아무 처소에드 존재하지 않는다.[42] 그러니 존재하는 사물이 아무 곳에도 존재하지 않는다는 일이 어떻게 가능하며, 불변하는 무엇이 존재하지 않는 때가 있다는 일이 어떻게 가능한가? 만약 예술이 영혼에서 영혼으로 유전한다면 저 영혼을 버리고 떠나서 이 영혼 속에 머물려고 유전할 것이다. 이 경우가 맞는다면 누구든지 예술을 남에게 가르치면 본인은 그것을 상실하게 되며, 그렇지 않을 경우 가르치는 사람의 망각이나 사망 덕택이 아니면 아무도 그 예술에 능숙한 사람이 되지 못한다는 말이 된다.[43] 이런 말이 아주 황당하고 허위에 가득 찬 것이라면 — 실제로 그렇다 — 인간 영혼은 불사불멸한다.

학식이 없거나 망각하고 있을지라도 저것들은 영혼에 존재한다

4.6. 그런데 예술이 어떤 때는 영혼 안에 있고 어떤 때는 그 안에 있지 않다고 하자. 망각忘却이나 미련을 통해서 드러나는 현상이다.[44] 그럴 경우 먼저 이 가정문의 전건前件[45]을 다음과 같이 반박하지 않는다면, 이런 논리 사슬은 영혼의 불사불멸에 전혀 이바지하지 못한다. 즉, 현행의 사유에는 존재하지 않더라도 영혼에 무엇이 존재하거나, 음악을 익힌 사람이 기하幾何만을 생각하는 순간에는 박식한 영혼에도 음악 예술이 존재하지 않거나 둘 중 하나다. 그런데 후자는 거짓이다. 따라

---

44 영혼론에서 가장 곤란한 난제이며 『독백』(2,19,33)에서 토론을 뒤로 미룬 바 있다.
45 '망각했거나 전혀 배우지 못했다면' 영혼에 보편적 지식(예술)이 존재하지 않는다는 가정문의 전건.

ipse non sentiat. Id autem quamdiu sit, nihil interest. Namque si diutius fuerit in aliis animus occupatus quam ut intentionem suam in ante cogitata facile possit reflectere, oblivio vel imperitia nominatur. Sed cum vel nos ipsi nobiscum ratiocinantes vel ab alio bene interrogati de quibusdam liberalibus artibus ea, quae invenimus, non alibi quam in animo nostro invenimus – neque id est invenire, quod facere aut gignere; alioquin aeterna gigneret animus inventione temporali. Nam aeterna saepe invenit. Quid enim tam aeternum quam circuli ratio vel si quid aliud in huiuscemodi artibus? Nec non fuisse aliquando nec non fore comprehenditur –, manifestum est etiam inmortalem esse animum humanum et omnes veras rationes in secretis eius esse, quamvis eas sive ignoratione sive oblivione aut non habere aut amisisse videatur.

---

46 "오성에 의해서 파악된 바는 내적 감각이나 추론적 이성에 의해서 일정한 표상으로 하향하지 않으면 우리에게 현행적으로 지각되지 않는다"(플로티누스 『엔네아데스』 4,8,8).

47 학습을 곧 상기(想起)로 해석하는 플라톤(『메논』*Menon* 82a sqq.)의 입장을 따르지만 그것을 영혼 선재(先在)의 증거로 단정지지는 않으며(『영혼의 위대함』 20,34) 후일에는 영혼 선재설을 명시적으로 배척한다(『삼위일체론』 12,15,24).

48 교부의 글에서 '만들다'(facere)는 다른 재료(de alio)나 무(de nihilo)로부터 창조함을 의미하고, '산출하다'(출생하다, gignere)는 자기에게서(de se ipso) 낳음을 뜻하는데, 전자에서는 창조자와 피조물이 존재론적으로 차이 나고, 후자에서는 낳은 자와 태어나는 자가 동등하다는 의미를 끌어낸다.

49 circuli ratio: '원[둘레]의 비율'(π)이라고 번역할 수도 있다.

50 rationes in secretis eius esse: 아우구스티누스가 플라톤의 (영혼의 선재설까지는 받아들이지 않더라도) '이념의 생득설'을 받아들인 증거로 지적되는 구절이다.

서 전자가 참이다. 그런데 어떤 것이 사고思考에 들어오지 않는 한, 영혼은 자체가 무엇을 가지고 있는지를 지각하지 못한다.[46] 그러니 무엇이 자체 안에 존재함을 비록 영혼이 지각하지 못하더라도, 어떤 것이 영혼에 존재하는 일은 가능하다. 그런 미지각의 상태가 얼마나 오래 지속되느냐는 상관없다. 왜냐하면 영혼이 자기 지향指向을 이전에 사유하던 대상으로 무난하게 회귀回歸하기에는 너무 오랫동안 다른 사물들에 관심을 집중한다면 '망각' 혹은 '미련'이라는 말이 나오기 때문이다. 그렇지만 우리가 우리 자신을 상대로 추리를 한다거나 어떤 자유 학예에 관해서 제삼자로부터 제대로 질문을 받을 적에 우리가 발견하는 무언가는 다른 곳 아닌 우리 영혼에서 발견한다.[47] 그리고 '발견한다'는 것은 '만든다'거나 '산출한다'는 것과 같지 않다. 그렇지 않다면 시간적인 발견을 통해서 영원한 것들을 산출하는 셈이 된다.[48] 실제로 영혼은 영원한 사물을 자주 발견한다. 원圓의 이치[49]라든가 이런 식의 예술들에서 나오는 무엇처럼 영원한 것이 무엇이겠는가? 이런 것들이 언젠가는 존재하지 않았다고 이해되는 일도 없고, 또 언젠가는 존재하지 않으리라고 이해되지도 않는다. 인간 영혼이 불사불멸한다는 점도 분명하고, 참된 이념 모두가 그의 내밀한 곳에 존재한다는 것도[50] 분명하다. 비록 무지無知나 망각忘却으로 인해서 영혼이 이런 이념들을[51] 아예 지니지 않는 것처럼 보이거나 상실해 버린 것처럼 보일지라도 말이다.

---

51 "ἔννοια라고 일컫는 개념들이 영혼에 내재하고 각인되어 있다시피 하다(insitas et quasi consignatas notiones)"(키케로 『투스쿨룸 대화』 1,24,57).

V 7. Nunc quatenus accipienda sit animi mutatio, videamus. Si enim subiectum est animus arte in subiecto exsistente neque subiectum inmutari potest quin id, quod in subiecto est, inmutetur, qui possumus obtinere inmutabilem esse artem atque rationem, si mutabilis animus, in quo illa sunt, esse convincitur? Quae autem maior quam in contraria solet esse mutatio? et quis negat animum, ut omittam cetera, stultum alias, alias vero esse sapientem? Prius ergo, quot modis accipiatur animae quae dicitur mutatio, videamus; qui, ut opinor, manifestiores dumtaxat clarioresque nobis duo sunt genere, specie vero plures inveniuntur. Namque aut secundum corporis passiones aut secundum suas anima dicitur inmutari: secundum corporis, ut per aetates, per morbos, per dolores, labores, offensiones, per voluptates, secundum suas autem, ut cupiendo, laetando, metuendo, aegrescendo, studendo, discendo.

8. Hae omnes mutationes, si non necessario argumento sunt mori

---

52 참과 거짓처럼 상반된 대상(contraria)으로 오가는 것은 가장 현저한 '변화'로 꼽히며, 갖가지 격정으로 시달리는 영혼의 상태도 영혼의 가변성을 입증한다.

53 영혼의 감응[感應, passio($\pi \acute{a} \theta o s$의 역어)]은 아리스토텔레스의 용어(*Metaphysica* 1022b, 1069b)이며, 교부는 부류상으로(genere)는 '신체의 감응에 따른 것'과 '영혼 자체의 감응에 따른 것' 둘로 나누고서 각종(specie) 감성을 상론한다.

영혼의 어떤 변화가 일어나기는 하지만

5.7. 그러면 이제 영혼의 가변성可變性을 어느 선까지 받아들여야 할지 살펴보자. 만일 영혼이 어떤 주체主體라면, 예술이 주체 안에 존재하는 한 주체 역시 변할 수 없다. 주체 안에 존재하는 그것도 함께 변하지 않는 한 말이다. 그런데 예술과 이념이 그 안에 존재하는 영혼이 변할 수 있다고 가정한다면, 예술과 이념이 불변한다는 결론을 우리가 어떻게 얻어 낼 수 있겠는가? 그리고 변화치고 상반자相反者에게 귀결되는 변화만큼 큰 변화가 어디 있겠는가? 다른 얘기는 제쳐 놓고, 영혼이 어리석을 때도 있고 지혜로울 때도 있다는 사실을 누가 부인하겠는가?[52] 그럼 먼저 영혼의 변화라고 하는 것이 얼마나 다양한 모양으로 받아들여지는가 보자. 내 생각에 우리에게는 유類로 말하자면 보다 분명하고 보다 명료하게 드러나는 방식이 둘 있고, 종種으로 말하자면 다수가 발견된다. 영혼이 변한다고 할 경우에는 신체의 감응感應에 입각해서 변한다고 하거나 영혼 자체의 감응에 입각해서 변한다고 말한다.[53] 신체의 감응에 입각해서 말할 적에는 나이 때문에, 질병 때문에, 고통과 수고와 손상 때문에, 욕정 때문에 변한다. 영혼 자체의 감응에 입각해서 말할 적에는 욕구함으로써, 희열을 느낌으로써, 두려워함으로써, 염증을 냄으로써, 공부함으로써, 학습함으로써 변한다.[54]

그 변화 때문에 영혼에 이념이 존재를 상실하지는 않는다

5.8. 이런 모든 변화들이 영혼이 죽는다는 필연적 논리로 귀결시키는

---

[54] 전통적인 이 목록은 다른 저작(『삼위일체론』 6,6,8; 『신국론』 14,5-6)에도 비슷하게 나온다.

animam, nihil quidem metuendae sunt per se ipsae separatim. Sed ne rationi nostrae adversentur, qua dictum est mutato subiecto omne, quod in subiecto est, necessario mutari, videndum est. Sed non adversantur. Nam illud secundum hanc mutationem subiecti dicitur, per quam omnino mutare cogitur nomen. Nam si ex albo cera nigrum colorem ducat alicunde, non minus cera est, et si ex quadrata rotundam formam sumat et ex molli durescat frigescatque ex calida. At ista in subiecto sunt et cera subiectum. Manet autem cera non magis minusve cera, cum illa mutentur. Potest igitur aliqua mutatio fieri eorum, quae in subiecto sunt, cum ipsum tamen iuxta id, quod hoc est ac dicitur, non mutetur. At si eorum, quae in subiecto sunt, tanta conmutatio fieret, ut illud, quod subesse dicebatur, dici iam omnino non posset – veluti cum calore ignis cera in auras discedit eamque mutationem patitur, ut recte intellegatur mutatum esse subiectum, quod cera erat, et cera iam non est –, nullo modo aliqua ratione quicquam eorum, quae in illo subiecto ideo erant, quia hoc erat, remanere putaretur.

9. Quamobrem, si anima subiectum est, ut supra diximus, in quo

---

55 iuxta id quod hoc est ac dicitur: 라틴어가 구상어이므로 '그 본질[실체]과 명칭에서는'이 라는 전문 용어로 번역되기도 한다.

56 여기서는 conmutatio[질적인 변화, 곧 '변질'(變質)]라는 단어를 써서 거의 '실체적 변화' 를 연상하게 만든다.

것이 아니라면, 그 하나하나의 변화를 분리하여 고찰하더라도 전혀 걱정될 것이 없다. 하지만 이런 현상들이 우리의 이치와 상충되지 않는지는 살펴보아야 한다. 즉, 주체가 변한다면 주체 안에 존재하는 모든 것이 필히 변한다는 이치 말이다. 그런데 상충되지 않는다. 왜냐하면 우리가 얘기하고 있는 이치란 주체에 일어나는 변화로 인해서 주체의 이름을 아예 바꾸지 않을 수 없게 만드는 그런 것이기 때문이다. 그 이유는 만일 초가 어떤 이유로 하얀색에서 까만색을 띠게 되었다고 해서 더 이상 초가 아닌 것은 아니기 때문이다. 만약 초가 네모꼴에서 동그라미 모양으로 변하고, 부드럽다가 단단하게 굳어지고, 뜨겁다가 차게 식는다고 하자. 그런 변화들은 주체 안에 존재하는 것들이고 그 주체는 여전히 초다. 저것들이 변하더라도 초는 그대로 초로 남을 뿐, 더 또는 덜 초가 되는 것이 아니다. 그러므로 주체 안에 존재하는 것들의 변화가 일어나면서도 주체가, 그 사물이고 그렇게 불리는 점에서는,[55] 변화를 겪지 않는, 그런 변화가 있을 수 있다. 하지만 주체 안에 존재하는 것들의 변화[56]가 격심하여 그것들의 기저基底에 있다고 말하던 것이 더 이상 기저에 있다고는 말할 수 없는 경우가 있다. 예를 들어 초가 불의 열기로 인해서 증기로 사라지는 경우, 주체가 변했다고 이해해야 할 만큼의 커다란 변화를 겪으며 한때는 초였던 것이 이제 더 이상 초가 아니다. 그리고 초가 초였을 적에 그것을 주체로 삼아 거기 존재하던 것들이 아직도 존속한다고는 무슨 근거로도 생각 못한다.

그러므로 영혼은 사멸하지 않는다

5.9. 그러므로 영혼이 주체라면, 또 앞서 우리가 말한 것처럼[57]▶ 이

ratio inseparabiliter, ea necessitate qua quaeque in subiecto esse monstrantur, nec nisi viva anima potest esse anima nec in ea ratio potest esse sine vita et inmortalis ‹est› ratio, inmortalis est anima. Prorsus enim nullo pacto non exsistente subiecto suo inmutabilis ratio maneret. Quod eveniret, si tanta accideret animae mutatio, ut eam non animam faceret, id est mori cogeret. Nulla autem illarum mutationum, quae sive per corpus sive per ipsam in anima fiunt – quamvis, utrum aliquae per ipsam fiant, id est, quarum ipsa sit causa, non parva sit quaestio –, id agit, ut animam non animam faciat. Iam igitur non solum per se, verum nec nostris rationibus formidandae sunt.

VI 10. Ergo incumbendum omnibus ratiocinandi viribus video, ut ratio quid sit et quoties definiri possit, sciatur, ut secundum omnes modos et de animae inmortalitate constet. Ratio est aspectus animi, quo per seipsum, non per corpus verum intuetur, aut ipsa veri contemplatio, non per corpus, aut ipsum verum, quod contemplatur. Primum illud in animo esse nemo ambigit; de secundo et tertio

---

◀57 본서 4,5 참조.

58 그 논거는 다음과 같다. "영혼이 [감성과 감응으로 움직이는 경우] 영혼이 그것들에 의해서 동요하는 방식으로 일어나는 것이 아니고 그것들이 영혼에서 발생하는 방식으로 일어난다"(플로티누스 『엔네아데스』 3,6,3).

59 이하에 '영혼의 시선'(aspectus animi), '진리의 관조'(contumplatio veritatis) 그리고 '진리 자체'(ipsum verum)로 규정된다. 앞의 각주 40 참조.

념이 영혼과 불가분하게, 영혼을 주체로 삼아 그 안에 존재하는 것들이 모두 어떤 필연성을 띤다면, 그리고 영혼은 생명 있는 영혼으로 존재하지 않을 수 없다면, 또 이념 역시 그 안에서 생명 없이 존재할 수 없고 따라서 이념이 불사불멸하다면, 영혼은 불사불멸한다. 과연 자기 주체가 존재하지 않으면 불변하는 이념도 절대로 존속하지 않을 것이다. 영혼에 일어나는 변화가 하도 격심하여 그것을 영혼 아닌 무엇으로 만들어 버린다면, 다시 말해서 영혼을 억지로 죽게 만든다면야 그런 일이 생길지도 모른다. 그런데 신체를 통해서 발생하든 영혼 자체를 통해서 발생하든(변화 중의 어떤 것이 영혼 자체를 통해서 발생하는지, 다시 말해서 그 변화의 원인이 영혼 자체인지 여부도 작은 문제가 아니지만) 저 온갖 변화 중에 그 어느 것도 영혼을 영혼 아닌 무엇으로 만들 만큼 작용하지 못한다.[58] 그러니 그 자체로 보든 우리가 개진한 논지로 보든 저런 변화가 일어나는 일을 두고 걱정할 것이 아니다.

영혼이 이성 속에 존재하거나 이성이 영혼 속에 존재한다

6.10. 그러므로 추론을 하는 우리의 능력을 모조리 집중하여 이성理性[59]이 무엇인지, 그리고 얼마나 다양한 방식으로 정의 내릴 수 있는지 알아내야 하고, 그렇게 함으로써 모든 방도를 다해서 영혼의 불멸에 대해서 논리를 확립해야 할 것이다. 첫째로 이성은 영혼의 시선視線이다.[60] 그 시선으로 영혼은 신체를 통해서가 아니라 영혼 자체를 통해서

---

[60] ratio est aspectus animi: 『독백』(1,6,12-13)에서도 같은 정의가 상론된 바 있다; "이성이 지성의 시선이라면 추론은 이성의 탐구, [지성이] 바라보아야 할 대상들을 향하는 지성의 시선의 운동이다"(『영혼의 위대함』 27,53).

quaeri potest; sed et secundum sine animo esse non potest. De tertio magna quaestio est, utrum verum illud, quod sine instrumento corporis animus intuetur, sit per seipsum et non sit in animo aut possitne esse sine animo. Quoquolibet modo autem se habeat, non id posset contemplari animus per seipsum nisi aliqua coniunctione cum eo. Nam omne, quod contemplamur sive cogitatione capimus, aut sensu aut intellectu capimus. Sed ea, quae sensu capiuntur, extra nos etiam esse sentiuntur et locis continentur, unde ne percipi quidem posse adfirmantur. Ea vero, quae intelleguntur, non quasi alibi posita intelleguntur quam ipse qui intellegit animus; simul enim etiam intelleguntur non contineri loco.

11. Quare ista coniunctio intuentis animi et eius veri, quod intuetur, aut ita est, ut subiectum sit animus, verum autem illud in subiecto; aut contra subiectum verum et in subiecto animus; aut utra-

---

61 "(영혼의) 시선의 목표는 하느님이다. … 그리고 그 관상은 곧 영혼 안에 있는 인식(intellectus qui in anima est)이며, 인식은 인식하는 주체와 인식되는 대상에 의해서 공동으로 생성된다"(『독백』1,6,13). 따라서 인식 주체인 영혼이 있어야 하고 그 대상이 영원하므로 인식 주체도 불사불멸해야 한다는 결론으로 유도한다.

62 contemplamur sive cogitatione capimus: 교부의 글에서 흔히 전자(contemplatio)는 이성의 직관(直觀)을, 후자, 곧 cogitatio는 경험적 사고를 가리킨다.

63 "알려지는 사물의 종류가 둘이 있으니 하나는 신체의 감관을 통해서 정신이 포착하는 것들이고 다른 하나는 그 자체로 파악되는 것들인데 … 정신이 그 자체로 진실한 사물들을 아주 확고하게 파악하는 경우 … 결코 의문에 부칠 수 없었다"(『삼위일체론』15,12,21).

64 교부는 땅속 깊이 묻혀 있는 사물은 우리 감관에 감지되지 못할 수 있음을 인정했다(『독백』2,5,7).

진리를 관조한다. 아니면 둘째로 적어도 진리의 관상 자체인데 이 일은 신체를 통해서 이뤄지지 않는다. 그렇지 않으면 셋째로 관조되는 진리 자체다. 첫째 것을 두고 말하자면, 이성이 영혼 속에 존재한다는 점에 대해서는 아무도 이의를 달지 않는다. 두 번째와 세 번째 명제에 관해서는 이의를 달 수 있다. 그렇지만 두 번째도 영혼 없이는 존재하지 못한다.[61] 세 번째에 관해서는 문제가 크다. 신체의 도구 없이 영혼이 직관하는 진리가 그 자체로 존재하는 법이지 영혼 안에 존재하는 것은 아니지 않느냐, 또는 영혼 없이도 존재할 수 있느냐 하는 문제는 심각하다. 진리의 존재가 어느 양상을 띠든지 간에, 영혼이 진리와 어떤 연계를 가지지 않는 한, 영혼 자체를 통해서는 진리를 관상하지 못할 것이다. 그 까닭은 우리가 관상하거나 사유로 포착하는[62] 모든 것은 감관으로 포착하거나 오성으로 포착하거나 둘 중 하나이기 때문이다.[63] 그렇지만 감관으로 포착되는 것들은 우리 밖에서도 존재하는 것으로 감지되고 공간에 내포되어 있으며, 따라서 우리한테 감지되지 않을 수도 있다는 주장이 나온다.[64] 그 대신 인식되는 대상은 인식하는 그 영혼 아닌 다른 곳에 놓여 있는 것으로 인식되지 않는다. 그와 동시에 그 대상은 공간에 내포되어 있지 않다는 사실도 인식된다.

그렇지 않으면 영혼이 곧 이성 자체다

6.11. 그러므로 진리를 직관하는 영혼과 직관되는 진리 사이의 이 연계는 영혼이 주체이고 진리는 그 주체 안에 존재하는 무엇이거나, 그렇지 않으면 정반대로 진리가 주체이고 그 주체 안에 영혼이 존재하거나, 그것도 아니라면 진리와 영혼 둘 다 실체이거나 셋 가운데 하나다. 이

que substantia. Horum autem trium si primum est, tam est inmortalis animus quam ratio, secundum superiorem disputationem, quod inesse illa nisi vivo non potest. Eadem necessitas in secundo est. Nam si verum illud, quod ratio dicitur, nihil habet conmutabile, sicut adparet, nihil conmutari potest, quod in eo tamquam in subiecto est. Remanet igitur omnis pugna de tertio. Nam si animus substantia est et substantia rationi coniungitur, non absurde quis putaverit fieri posse, ut manente illa hic esse desinat. Sed manifestum est, quamdiu animus a ratione non separatur eique cohaeret, necessario eum manere atque vivere. Separari autem qua tandem vi potest? Num corporea, cuius et potentia infirmior et origo inferior et ordo separatior? Nullo modo. Animali ergo? Sed etiam in quo modo? An alter animus potentior, quisquis est, contemplari rationem non potest, nisi alterum inde separaverit? At neque ratio cuiquam contemplanti defuerit, si omnes contemplentur, et cum nihil sit ipsa ratione potentius, quoniam nihil est inconmutabilius, nullo pacto erit animus nondum rationi coniunctus eo, qui est coniunctus, poten-

---

65 본서 1,1; 4,5; 5,9에서 언급한 내용이다.

66 이 대목에서는 ratio를 '이성', 더구나 '신적 이성'(Verbum, λόγος)으로 번역(Raison/Ragione)하는 역자도 있다. 플라톤이 "가지계(可知界, κόσμος νοητός)라고 명명한 것은 기실 하느님이 세상을 창조하신 영구하고 불변하는 이념(理念) 자체를 가리켰다"(『재론고』1,3,2).

67 교부는 이 대목에서 로마서(8,35: "무엇이 우리를 그리스도의 사랑에서 갈라놓을 수 있겠습니까?")를 염두에 두고 있었을지 모른다.

68 플라톤 이래로 존재론상으로 하위의 존재가 상위의 존재를 좌우할 수 없다는 개념이 전수되었다.

셋 중에 첫째가 맞다면, 영혼도 이념 못지않게 불사불멸하다. 앞에서 전개한 토론대로[65] 이념은 살아 있는 주체에만 내재할 수 있기 때문이다. 두 번째에서도 같은 필연성이 성립한다. 이념이라고 불리는 저 진리는 가변적인 것을 전혀 가지고 있지 않으며, 잘 드러나듯이 진리를 주체로 삼아 거기 존재하는 것은 아무 변화도 겪을 수 없는 까닭이다. 그러면 모든 논쟁이 세 번째로 모아진다. 만일 영혼이 실체라면 영혼이 연계성을 가지는 이념[66]도 실체다. 그러니 후자가 존속하는데 전자가 존재를 그친다는 것은 누구도 생각 못할 자가당착이다. 그리고 영혼이 이념으로부터 분리되지 않고 이념과 결속해 있는 한, 영혼이 존속하고 살아 있음은 필연적이다. 사실 무슨 능력으로 이 둘을 분리시킬 수 있겠는가?[67] 물리적 능력으로 분리시킬 수 있다는 말인가? 그 능력이 영혼보다 하위이고 그 기원이 하위이고 그 서열이 하위인데? 절대 아니다.[68] 혼의 능력으로[69] 분리시킬 수 있다는 말인가? 그럼 어떤 방식으로? 어떤 영혼인지 모르지만, 우리 영혼보다 더 강한 어떤 다른 영혼이 있는데 이미 이념과 결속해 있는 딴 영혼을 이념으로부터 분리시켜 놓지 않고서는 스스로 이념을 관상할 능력이 없다는 말인가? 모든 영혼들이 이념을 관상하려는 터에, 유독 어느 관상자에게만 이념이 결여되지는 않을 것이다. 이념 그 자체보다 불변하는 것은 아무것도 없다는 점에서 이념 그 자체보다 강한 것은 아무것도 없으므로, 이미 이념과 결속된 영혼보다 아직도 이념과 결속하지 않은 영혼이 더 강할 리가 결코 없다. 그렇다면 이념이 스스로 영혼을 자기한테서 분리시키거나, 영

---

69 animali [vi]: '생물적 능력으로'라는 번역도 가능하지만, 이하의 글로 미루어도 형용사 animalis(생물의, 동물의)의 어원이 anima(혼백, 영혼)이므로 이런 번역이 더 타당하다.

tior. Restat, ut aut ipsa ratio a se ipsum separet aut ipse animus ab ea voluntate separetur. Sed nihil est in illa natura invidentiae, quominus fruendam se animo praebeat. Deinde quo magis est, eo ‹magis› quicquid sibi coniungitur, facit, ut sit, cui rei contrarius est interitus. Voluntate autem animum separari a ratione non nimis absurde quis diceret, si ulla ab invicem separatio posset esse rerum, quas non continet locus. Quod quidem dici adversus omnia superiora potest, quibus alias contradictiones opposuimus. Quid ergo? Iamne concludendum est animum esse inmortalem? an, etiamsi separari non potest, exstingui potest? At si illa rationis vis ipsa sua coniunctione adficit animum – neque enim non adficere potest –, ita profecto adficit, ut ei esse tribuat. Est enim maxime ipsa ratio, ubi summa etiam inconmutabilitas intellegitur. Ita quaecumque ex

---

70 육체적 제약이나 정욕으로 영혼이 신적인 '이성'(νοῦς)이나 '이념'(ἰδέα)으로부터 분리될 수 있다는 주장은 신플라톤학파(플로티누스 『엔네아데스』; 포르피리우스 『영혼의 귀환에 대하여』*De regressu animae*)의 요체였다.

71 frui: 아우구스티누스의 윤리 철학에서 하느님[여기서는 '신적 이념']만이 영혼을 무한히 만족시켜 주므로 영혼의 유일한 '향유' 대상이고 나머지 모든 것은 궁극목적 달성을 위한 '이용'(uti)의 대상이다.

72 quo magis est, eo magis facit ut sit: "최고의 존재자(summa essentia)가 존재하는 모든 것을 존재하게 만드시고, 바로 그런 이유에서 존재자라고 불리신다"(『참된 종교』11,22).

73 "존재자에 덜 참여하는 그만큼 사물은 죽어 가는 것이므로, 덜 존재하는 그만큼 더 죽는다"(『참된 종교』11,22).

74 『재론고』1,5,2: "'영혼은 영원한 이념으로부터 분리될 수 없다. 그것에 공간적으로 결합되어 있지 않기 때문이다'라는 투의 말도 했는데, 내가 그때 '너희 죄가 너희를 하느님으로부터 분리시킨다'(이사 59,2)라고 기록된 말씀을 기억할 정도로 성경에 관해서 배워 알았더라면 그런 말을 하지 않았을 것이다. 이 성경 말씀은 저런 사물들을 두고는 비록 공간으로가 아니고 비물질적으로 결속되었더라도 분리를 얘기할 수 있다는 뜻으로 알아들을 만하다."

혼이 제 의지로 이념으로부터 분리되리라는 얘기가 남는다.70 하지만 이념의 본성에는 질투, 다시 말해 이념이 영혼에게 자기를 증여해서 영혼이 이념을 향유하는71 일이 없게 가로막을 질투라는 것이 전혀 없다. 무엇이든지 그 존재가 위대하다면 자기와 결속하는 대상을 그만큼 더 존재하게 만든다.72 그런 것과 정반대되는 것을 든다면 사멸死滅이 있겠다.73 또 영혼이 의지로 자기를 이념으로부터 분리시키리라는 말을 누가 할 수도 있는데 아주 터무니없는 소리는 아니다. 공간이 내포하지 않는 사물들이라도 상호 간에 어떤 분리가 있을 수 있다면 말이다.74 이 주장은 위에 제기된 모든 명제들을 반박하여 내세울 수 있는데 그런 명제들에 관해서는 다른 모순점을 우리가 이미 제시했었다. 그럼 어찌 되는가? 영혼은 불사불멸한다는 결론을 이미 내려야 하는가? 그게 아니라면 영혼이 이념과 분리될 수 없으면서 소멸할 수 있는가? 그렇지만 이념의 저 능력은 영혼과 함께하는 자기의 결속을 통해서 영혼에 영향을 미치는데 — 영향을 미치지 않을 수 없다 — 그 영향이 어느 정도인가 하면 영혼에 존재를 부여할 만큼이다. 이념이야말로 최고로 존재하고, 최고도의 불변성이 인지되는 곳은 다름 아닌 이념에서다.75 그러므로 이념이 자기에게서 영향을 끼치는 사물로 하여금 어느 모로든 존재하게 강제한다.76 그러니 이념으로부터 분리되지 않는 한 영혼은 사멸할 수 없다. 그런데 우리가 위에서 논증한 대로 이념으로부터 분리될 수 없다. 따라서 영혼은 사멸할 수 없다.

---

75 논지는 다음과 같다. "불변하는 사물은 영원하고 참되다." "그런데 진리는 이념에 존재한다." "따라서 최고도의 이념은 최고도의 불변성이 존재하는 그곳[하느님]에 존재한다."

76 cogit esse: 방금 나온 문구와 각주 75대로, '영향을 끼친다'(adficit)함은 '존재하게 만듦'(facit ut sit)을 의미하기 때문이다.

영혼 불멸 61

se adficit, cogit esse quodammodo. Non ergo exstingui animus potest nisi a ratione separatus; separari autem non potest, ut supra ratiocinati sumus. Non potest igitur interire.

VII 12. At enim aversio ipsa a ratione, per quam stultitia contingit animo, sine defectu eius fieri non potest. Si enim magis est ad rationem conversus eique inhaerens, ideo quod inhaeret inconmutabili rei, quae est veritas, quae et maxime et primitus est, cum ab ea est aversus, id ipsum esse minus habet, quod est deficere. Omnis autem defectus tendit ad nihilum; et interitum nullum magis proprie oportet accipi quam cum id, quod aliquid erat, nihil fit. Quare tendere ad nihilum est ad interitum tendere. Qui cur non cadat in animum, vix est dicere, in quem defectus cadit. Dantur hic cetera, sed negatur esse consequens interire id, quod tendit ad nihilum, id est ad nihilum pervenire. Quod in corpore quoque animadverti potest. Nam quoniam quodlibet corpus pars est mundi sensibilis, et

---

77 영혼이 어리석어짐으로써 자기 존재를 결손(缺損)시키며 결국 무화(無化)를 지향하는 것 아니냐는 반문에 대한 답변을 시도한다(7,12-12,19).

78 defectus animi: 사물의 생성과 소멸 외에 그 중간의 양적 팽창과 질적 성장, 양적 위축과 질적 결손(defectus)이 영혼에도 해당한다는 고전적 설명이 있었다(참조: 플라톤 「파이돈」 70e-71c; 「필레보스」 42c-d; 아리스토텔레스 「영혼론」 413a, 430a).

79 진리 — 최고 이성, 곧 하느님 — 를 '향함'(conversio) 혹은 '귀의'(inhaerens) 또는 앞 절에 나오는 '결속'(coniunctio)은 모두 최고 존재자(summa essentia)의 존재에 참여하는 방식이다.

80 magis esse, minus esse: 아우구스티누스 윤리학의 기조 사상에 의하면, 선행이나 악행은 행위자의 우유적 범주가 아니라 행위자의 존재를 더 낫게 만들거나 더 못하게 만드는 존

몇 가지 반론:[77] **영혼이 무지함에 의해서 결손을 겪는다는 관점**

7.12. 그렇다고 하더라도, 이념으로부터 등을 돌리는 배향背向 — 그것으로 영혼에 어리석음이 닥친다 — 은 영혼의 결손缺損[78] 없이는 발생할 수 없다. 만약 이념을 향해서 전향轉向하였고 그에게 귀의歸依함으로써 '더 낫게 존재한다면',[79] 또 그것이 진리 — 진리는 '최고로 또 원천적으로 존재'한다 — 라고 하는 불변하는 사물에 귀의하는 일이라면, 이념으로부터 등을 돌렸을 경우 그 자체가 '더 못한 존재'를 지니는 일이고 따라서 결손을 자행하는 짓이다.[80] 그리고 모든 결손은 허무를 향한다.[81] 어떤 무엇으로 존재하던 것이 허무가 될 때야말로 사멸死滅이라는 말이 더할 나위 없이 적절하게 맞아떨어져야 한다. 그러므로 허무를 향한다는 것은 곧 사멸을 향함이다. 그러면 영혼에 결손이라는 것이 닥치면서도 어째서 사멸이 영혼에 닥치지 않는지는 형언키 힘들다. 여기서 다른 명제들은 수긍이 되면서도 허무를 향하는 사물이 사멸한다는, 다시 말해서 허무에 도달한다는 결론은 부정되는 셈이다. 그것은 물체에서도 관찰될 수 있다. 여하한 물체라도 감각 세계의 한 부분이므로[82] 사실[83] 더 큰 물체일수록 더 많은 공간을 점유하고 그만큼 우주

재론적 사건이다. 동사로는 per-ficere, de-ficere(defectus)로 언표한다. 도덕적 타락은 "최저로 존재하는 것(quod infime est)이 비존재에로 옮겨 가는 통로이며, 최저로 존재하는 것은 자기를 사랑하는 사람의 힘을 또한 소진시켜서 자기와 더불어 쇠락하게 만들어 버린다"(『자유의지론』 3,7,21).

[81] omnis defectus tendit ad nihil: "생명을 만드신 분에게서 ··· 고의적 행위로 이탈해 갈 때 그 생명은 허무를 지향해 간다"(『참된 종교』 11,21).

[82] 세계 "전체(全體)는 단일한 생명체로서 모든 개개 생명체들을 나포하며 ··· 모든 개개 사물은 그것의 한 부분이면서 감각적으로 지각된다"(플로티누스 『엔네아데스』 4,4,32).

[83] 비판본을 복원하는 학자들은 이 글귀에 pro magnitudine sua locum occupat(물체는 "자체의 크기를 가지고서 공간을 점유하며")라는 문장이 탈락한 것으로 추정한다.

ideo, quanto maius est locique plus occupat, tanto magis propinquat universo; quantoque id magis facit, tanto magis est. Magis enim est totum quam pars. Quare etiam minus sit, cum minuitur, necesse est. Defectum ergo patitur, cum minuitur. Porro autem minuitur, cum ex eo aliquid praecisione detrahitur. Ex quo conficitur, ut tali detractione tendat ad nihilum. At nulla praecisio perducit ad nihilum. Omnis enim pars, quae remanet, corpus est, et quicquid hoc est, quantolibet spatio locum occupat. Neque id posset, nisi haberet partes, in quas identidem caederetur. Potest igitur infinite caedendo infinite minui et ideo defectum pati atque ad nihilum tendere, quamvis pervenire nunquam queat. Quod item de ipso spatio et quolibet intervallo dici atque intellegi potest. Nam [et] etiam de his terminatis dimidiam verbi gratia partem detrahendo et ex eo, quod restat, semper dimidiam minuitur intervallum atque ad finem progreditur, ad quem tamen nullo pervenitur modo. Quo minus hoc de animo formidandum est. Est enim profecto corpore melior et vivacior, a quo huic vita tribuitur.

VIII 13. Quod si non id, quod est in mole corporis, sed id, quod in specie, facit corpus esse, quae sententia invictiore ratione adpro-

---

84 물체가 무한히 분할되더라도 원자(原子) 이하로는 분할되지 않고 따라서 허무에 이르지 않는다는 설명도 아우구스티누스는 알고 있었다(『서간집』*Epistulae* 3,2).

85 사물은 존재계에서 일정한 위상(ordo)을 차지하므로, 하위의 물체가 분할되면서도 허무화하지 않는다면야, 생명의 원리인 영혼은 당연히 허무화하지 않으며 따라서 불사불멸한다.

전체의 크기에 근접한다. 물체로서는 많은 공간을 점유하는 작용을 더 할수록 그만큼 더 낮게 존재한다. 전체는 부분보다 더 큰 까닭이다. 그러므로 감소할 경우에는 필연적으로 덜 존재하게 된다. 또 감소할 적에는 결손을 겪는 것이다. 그래서 그것에서 무엇이 절단되어 제거된다면 그만큼 감소한다. 그리고 그런 제거에 의해서 그것이 허무를 향한다는 결과가 온다. 하지만 그 어떤 제거도 그 물체를 허무에까지 이르게 하지는 않는다. 남아 있는 모든 부분은 여전히 물체이며 물체인 한에는 어떤 크기로든 여전히 공간을 점유하고 있다. 그런데 이렇게 공간을 점유하는 일은 부분들을 가지지 않는 한 불가능하다. 그 사물이 제아무리 부분들로 계속해서 절단되더라도 말이다. 그러니까 물체가 무한하게 쪼개지면서 무한히 감소될 수 있고 따라서 결손을 주으면서 허무를 향할 수 있지만 허무에까지 도달하는 일은 절대 불가능하다.[84] 이 얘기는 일체의 공간이나 간격에도 해당시켜 발언하고 이해할 만하다. 왜냐하면 이렇게 예를 들어 절반을 잘라 내고 그다음에 남은 것에서 똑같이 절반을 잘라 내고 하면서 그 간격이 줄고 끝을 향해서 나아가지만 결코 그 끝에 이르지는 않는다. 영혼을 두고 이런 얘기를 하자면 영혼이 감소되어 허무에 이르지나 않을까 두려워할 필요가 훨씬 줄어든다. 영혼은 신체보다 더 훌륭하고 더 생명력 있을뿐더러 이 신체에 생명이 부여되는 것은 다름 아닌 영혼에 의해서이기 때문이다.[85]

영혼은 사물들의 자연 본성 속에 존재한다는 관점

8.13. 만일 신체를 존재하게 만드는 것이 신체 덩어리 속에 존재하는 무엇이 아니고, 형상形象[86]▶ 속에 존재하는 무엇이라면, 이 명제는 불

batur – tanto enim magis est corpus, quanto speciosius est atque pulchrius, tantoque minus est, quanto foedius ac deformius, quae defectio non praecisione molis, de qua iam satis actum est, sed speciei privatione contingit –, quaerendum de hac re diligenter ac discutiendum est, ne quis adfirmet animum tali defectu interire, ut, quoniam specie aliqua sua privatur, dum stultus est, credatur in tantum augeri posse hanc privationem, ut omni modo specie spoliet animum et ea labe ad nihilum redigat cogatque interire. Quamobrem si potuerimus impetrare, ut ostendatur ne corpori quidem hoc posse accidere, ut etiam ea specie privetur, qua corpus est, iure fortasse obtinebimus multo minus auferri posse animo, quo animus est, siquidem nemo se bene inspexit, qui non omni corpori qualemlibet animum praeponendum esse fateatur.

14. Sit igitur nostrae ratiocinationis exordium, quod nulla res se facit aut gignit; alioquin erat antequam esset. Quod si falsum est,

---

◀86 아리스토텔레스의 '질료 형상론'을 연상시키는 형상[species: 교부는 forma(形相)보다 species(形象)를 더 즐겨 쓴다]. 그리스어 εἶδος(ἰδέα)와 μορφή의 역어다(키케로 『투스쿨룸 대화』 1,24,53).

87 '곱다'라는 뜻의 형용사 speciosus는 명사 species[형상(形象)]에서 유래하므로 '형상을 갖춘'이라는 의미로 이해된다.

88 deformis: 어원상 가지고 있던 '형상(forma)을 상실하는(de-)'이라는 의미로 받아들여진다.

89 specie aliqua sua: 이 문구는 영혼의 형상 — 사물의 실체적 형상은 단일하다 — 이 다수일 수 있어 그 우유적 형상들을 얻을 수도, 잃을 수도 있음을 시사한다.

굴의 이치에 의해서 입증된다. 그렇다면 형태가 곱고[87] 아름답게 존재하면 할수록 그 신체가 더 존재하는 것이 된다. 또 그것이 흉물스럽고 기형으로[88] 존재할수록 덜 존재하게 된다. 또 이런 결손은 물체 덩어리의 절단 — 이에 관해서는 방금 충분히 논했다 — 에서 유래하지 않고 오히려 형상의 결핍에서 유래한다. 그러니 이 문제에 관해서는 치밀하게 토론할 필요가 있다. 그래야만 누가 영혼이 그런 결핍에 의해서 사멸한다고 주장하는 일이 없을 것이다. 실제로 영혼이 어리석어지는 경우, 자체의 어떤 형상을[89] 결하는 것이 되어 그 결핍이 너무 심하게 증대하면 영혼이 형상을 완전히 박탈당하고, 그 같은 하자瑕疵로 인해서 영혼이 허무로 돌아가 버리고, 따라서 사멸하지 않을 수 없게 강요받는다는 주장이 나올 법하다. 그런 이유로 우리가 신체도 하나의 물체로서 고유한 형상을 상실하더라도 완전히 소멸하는 일이 신체에도 일어날 수 없음을 입증하도록 몰아갈 수 있다면, 영혼도 그것이 영혼인 한, 비록 어떤 것을 박탈당할지라도 신체에 비해서 훨씬 적게 박탈당하리라는 결론을 얻어 낼 수 있을 것이다. 이처럼 누구든지 자신을 주의 깊게 관찰하였다면, 어떤 영혼이든 모든 물체에 우선시켜야 하는 것은 아니라고 누구도 공언해서는 안 된다.[90]

신체는 형상에 의해서 소멸되지 않게 만들어졌다는 관점

8.14. 이제 '어떤 사물도 스스로를 만들거나 생산하지 못한다'[91]는 명

---

[90] 불멸하는 이념이 영혼에 상존한다는 논리에서 영혼은 자기 고유한 형상으로 존재에 참여하기 때문에 사멸하지 않는다는 논지로 옮겨 왔다.

[91] nulla res se facit aut gignit: 플라톤 『티마이오스』*Timaeus* 28a-c; 아리스토텔레스 『형이상학』*Metaphysica* 9,8(1051 sqq. 참조). facere와 gignere 구분은 앞의 각주 48 참조.

illud est verum. Item, quod factum ortumve non est et tamen est, sempiternum sit necesse est. Quam naturam et excellentiam quisquis dat ulli corpori, vehementer errat quidem. Sed quid pugnamus? multo enim magis eam dare animo cogimur. Ita, si corpus ullum est sempiternum, nullus animus non sempiternus est, quoniam quilibet animus cuilibet corpori praeferendus est et omnia sempiterna non sempiternis. At si, quod vere dicitur, factum est corpus, aliquo faciente factum est nec eo inferiore. Neque enim esset potens ad dandum ei, quod faceret, quicquid illud est, quod est id, quod faciebat. Sed ne pari quidem; oportet enim facientem melius aliquid habere ad faciendum quam est id, quod facit. Nam de gignente non absurde dicitur hoc eum esse, quod est illud, quod ab eo gignitur. Universum igitur corpus ab aliqua vi et natura potentiore

---

92 "하느님은 당신 스스로를 낳는 능력을 가지고 있다고 생각하는 사람들 ⋯ 하느님이 그런 존재가 아닐뿐더러 어떤 영적 피조물도 물체적 피조물도 그런 존재가 아니기 때문이다. 자기를 낳아서 존재하게 할 만한 사물은 아무것도 없는 까닭이다"(『삼위일체론』 1,1,1).

93 sempiternus: 교부는 aeternus(αἰώνιος)와 sempiternus(semper-aeternus: αἴδιος)를 구분하지 않고 쓴다.

94 세계의 영원성을 주장하는 학설(e.g., 아리스토텔레스 『천체와 세계에 관하여』De caelo et de mundo 283b)과의 시비보다는 영혼의 불멸성을 변호하는 일에 치중하겠다는 의사를 내보인다.

95 영혼이 영구하지 않다면 영구한 물체 — 일부 철학자들이 말하는 '영원한 세계' — 보다 우선하지 못한다.

96 aliquo faciente: 구상어로서의 라틴어로는 이 단어가 '창조자'라는 추상적 의미도 띤다.

97 quidquid illud est, quod est id, quod faciebat: 문장이 난삽하여 번역가들에게 상당한 혼란을 야기하고 있다. "자기의 피조물에게 특정한 존재를(quicquid illud est) 부여하려면 창조자는 적어도 자기가 부여할 그 존재 정도는 갖추었어야 하고, 그런 존재를 갖추었다면 적어도 자기가 만든 피조물보다 열등한 존재는 아닐 것이다."

제가 우리 추론의 출발점이 되어야겠다. 그렇지 않으면 사물이 자기보다 앞서 존재하였다는 말이 된다.[92] 이 문장이 허위라면 앞에 말한 문장이 참이다. 마찬가지로 만들어지지 않았고 발생하지 않았으면서도 존재하는 사물은 필히 영구하다.[93] 어떤 물체에다 그런 본성과 탁월함을 누가 만일 부여한다면 대단한 오류를 범하는 짓이다. 하지만 우리가 지금 무엇을 논박하자는 참인가? 우리로서는 영혼에다 그런 본성을 훨씬 더 많이 부여하지 않을 수 없는 처지다.[94] 만약 도대체 어떤 물체가 영구하다면 어느 영혼도 영구하지 않은 것이 없다. 왜냐하면 여하한 영혼도 여하한 물체보다 우선해야 하고, 영구한 모든 것은 영구하지 않은 사물들에 우선해야 하는 까닭이다.[95] 그런데 물체가 만들어졌다는 것이 사실이라면 누가 창작創作해서,[96] 또 자체보다 열등하지 않는 창작자에 의해서 만들어졌을 것이다. 만약 더 열등하다면 그가 만들려던 바로 그것이 어떤 존재든 상관없이, 자기가 만들려던 바를 그것에게 부여할 능력이 없었을 것이다.[97] 그런데 그 물체와 동등한 것에 의해서 만들어질 수도 없다. 무엇을 만들 경우 만드는 것은 만들어지는 것보다 더 나은 무엇을 지녀야 하기 때문이다. 그 대신 출성시키는 자를 두고 그가 지닌 존재는 바로 그한테서 출생한 자가 지닌 존재라고 하는 말은 자가당착이 아니다.[98] 그러니 물체 세계 전체[99]는 자체보다 능하고 더 훌륭한 힘과 자연 본성[100]▶에 의해서 만들어졌으며, 물론 그런 능력과

---

[98] 창조자는 피조물보다 열등하지 않을뿐더러 동등하지도 않다. 낳는 자와 낳음 받는 자 동등하고 창조와 출생은 엄연히 다르다면, 피조물은 창조자보다 열등하다. 만약 동등하다면 창조와 출생이 구분되지 않는다.

[99] universum corpus: 부분들을 총괄한 전체(totum corpus)보다는 물체 세계를 이루는 물체들의 총화를 가리키는 듯하다.

영혼 불멸 69

atque meliore factum est, non utique corporea. Nam si corpus a corpore factum est, non potuit universum fieri. Verissimum est enim, quod in exordio ratiocinationis huius posuimus, nullam rem a se posse fieri. Haec autem vis et natura incorporea effectrix corporis universi praesente potentia tenet universum. Non enim fecit atque discessit effectumque deseruit. Ea quippe substantia, quae corpus non est neque, ut ita dicam, localiter movetur, ut ab ea substantia, quae locum obtinet, separari queat, et illa effectoria vis vacare non potest quin id, quod ab ea factum est, tueatur et specie carere non sinat, qua est, in quantumcumque est. Quod enim per se non est, si destituatur ab eo, per quod est, profecto non erit; et non possumus dicere id accepisse corpus, cum factum est, ut seipso iam contentum esse posset, etiamsi a conditore desereretur.

15. Quamquam si ita est, magis id habet animus, quem corpori praestare manifestum est. Atque ita de proximo inmortalis proba-

---

◀100 natura: '사물'을 총칭하는 단어이므로 창조자 '하느님'일 수도, 선대 철학자들이 언급하는 '세계혼'(anima mundi)일 수도 있다.

101 "그분이 이 모든 것을 만드셨고 또 그분은 먼 곳에 계시지도 않는다. 그분은 이 모든 것을 만들어 놓고 떠나 버리신 것이 아니요, 그분으로 말미암아 그분 안에서 이것들이 존속한다"(『고백록』 4,12,18).

102 사물에서 "형상을 제거해 버리면" 질료가 남는 것이 아니라, "무로 돌아가 버린다"(『자유의지론』 2,16,44).

자연 본성은 물체적이 아니다. 왜 그런가 하면, 만일 물체에 의해서 물체가 만들어졌다면 물체 세계 전체가 생기는 일이 불가능한 까닭이다. 이 추론의 첫머리에서 우리가 제시한 것처럼, 어떤 사물도 자체한테서 생겨날 수 없음은 더할 나위 없는 참이다. 그러므로 저 비물체적인 힘과 자연 본성이야말로 물체 세계 전체의 조성자造成者이고 능력으로 현전하면서 그 전체를 유지한다. 또 물체 세계를 만든 다음에 자체는 사라진 것도 아니고 만들어 낸 바를 버리고 떠나지도 않았다.[101] 그러므로 저 실체, 물체가 아닌 저 실체는, 내 말마따나 공간상으로 움직이는 것도 아니어서 공간을 점유하는 실체로부터 분리될 수도 있고, 그러면서도 조성하는 그 힘은 비울 수가 없다. 그렇지 않았다가는 그 힘에 의해서 만들어진 것이 보전되지 않으며, 무엇이든지 존재한다면 형상形象에 의해서 존재하는데 바로 그 형상이 결핍되도록 버려두는 셈이다. 스스로 존재하지 않는 것은, 자기를 존재하게 만드는 것으로부터 버림을 받는다면, 그야말로 더 이상 존재하지 않을 것이다.[102] 또 물체가 만들어진 이상, 비록 조물주에게서 버림을 받더라도, 이미 스스로 자족하여 존재할 힘을 받았다는 말을 우리로서는 할 수가 없다.[103]

영혼은 스스로 존재한다는 관점

8.15. 사정이 그렇다면 영혼은 존재하는 힘을 더 많이 가지고 있으므

---

103 질료(ὕλη)는 창조주와 연관 없이 영원으로부터 존재한다는 이원론적 사상을 배척하는 입장이다. "모든 선은 신에 의해서 [존재한다]. 따라서 질료도, 그것이 존재한다는 점에서는, 신에 의해서가 아니고는 존재하지 못함을 아무도 의심해서는 안 된다"(『선의 본성』 *De natura boni* 18,18). 그래서 교부는 '창조'(creare)에 의해서 '질료'가 생겨나고, 그 질료에 형상을 부여하는 '형성'(informare)의 작업이 동시에 이루어진다는 이론을 펴기도 한다(『창세기 문자적 해설』 *De Genesi ad litteram* 1-2권; 『고백록』 12-13권).

tur, si potest esse per seipsum. Quicquid enim tale est, incorruptibile sit necesse est ac per hoc interire non possit, quia nihil se deserit. Sed corporis mutabilitas in promptu est, quod ipsius universi corporis universus motus satis indicat. Unde diligenter inspicientibus, quantum talis natura inspici potest, ordinata mutabilitate id, quod inmutabile est, imitari reperitur. Quod autem per se est, ne motu quidem opus habet ullo omni copia sibi seipso exsistente, quia motus omnis ad aliud est, cuius indiget quod movetur. Adest igitur species universo corpori meliore natura sufficiente atque obtinente, quae fecit; quare illa mutabilitas non adimit corpori corpus esse, sed de specie in speciem transire facit motu ordinatissimo. Non enim quaepiam eius pars ad nihilum redigi sinitur, cum totum capessat vis illa effectoria nec laborante nec deside potentia, dans, ut sit omne, quod per illam est, in quantum est. Quamobrem nemo tam devius a ratione debet esse, cui aut non sit certum corpore animum

---

104 animum esse per seipsum: 창조주 없는 자존[自存(esse a se)]을 가리키는 말이 아니고 다른 실체에 의존하지 않는 자립[自立(esse per se)]을 가리킨다.

105 quia nihil se deserit: 플라톤의 논지가 있다. "다른 것을 움직이거나 다른 것에 움직여지는 것은 움직임을 멈추면서 살아 있음도 멈춘다. 그런데 자체를 움직이는 것은 자체를 떠나지 않으므로 움직이기를 멈추지 않는다. 이렇게 영구히 움직이는 것은 불멸한다"(「파이드로스」245c-d). 이하(9,16-11,18)에서 재론된다.

106 universi corporis universus motus: '세계혼'에 의해서 생명을 얻는 물질세계 전체(앞의 각주 99 참조)의 우주적 운동(universus motus)을 가리키는 듯하다.

107 시간은 영원을 모방한다는 점에서 시간의 차원을 가지고 변화하면서도 일정한 모형을 — 여기서는 '질서 정연한 가변성' — 따르는 사물들은 영원을 모방한다는 생각은 플라톤의 것이다(「티마이오스」37d-38a).

로 영혼이 신체보다 월등함이 틀림없다. 그렇게 해서 영혼이 스스로 존재할 수 있다면,[104] 영혼이 불사불멸한다는 것은 거의 입증된 셈이다. 무엇이든지 그런 식으로 존재한다면 불후不朽의 사물이라는 것이 필연이며 그 점 때문에도 사멸할 수 없으니 그 어떤 사물도 자체를 버리고 떠나는 일은 없는 까닭이다.[105] 그 대신 물질의 가변성은 현저하다. 물체 세계 전체의 운동 전체가 분명하게 보여 주듯이 말이다.[106] 그리고 예리하게 관찰하는 사람들에게는 (그러한 자연 본성이 관찰될 수 있다는 전제하에) 물체 세계가 질서 정연한 가변성으로 말미암아 사실상 불변하는 사물을 모방하고 있음이 발견된다.[107] 어떤 것이 스스로 존재한다면, 자체로부터 자체에게 온갖 풍족함이 존재하는 까닭에 아무런 운동도 필요치 않기 때문이다. 그 까닭은 일체의 운동은 타자를 위해 존재하고, 움직여지는 그 사물이 필요로 하는 까닭이다. 그래서 물체 세계 전체에는 분명히 형상形象이라는 것이, 그것을 만든 더 훌륭한 자연 본성이 기초 짓고 보전하는 가운데, 현존한다.[108] 그러므로 저 가변성은 물체에게서 물체로서의 존재를 앗아 가지 않고 오히려 지극히 질서 정연한 운동을 통해서 한 형상에서 다른 형상으로 옮겨 가게 만들 따름이다.[109] 물체 세계를 조성해 내는 저 힘은 그 물체의 어떤 부분도 허무로 전환되게 용납하지 않고 전체로서 붙들어 주며, 그렇게 한다고 해서 스스로 수고하는 일도 없고 그렇다고 무기력하여 능력을 행사하지 못

---

[108] "당신의 법칙으로 하늘이 돌고, 그 법칙으로 성좌들이 자기 궤도를 가며, 태양은 낮을 움직이고, 달은 밤을 다스립니다. … 온 세계가 … 만물의 위대한 지속성(持續性)을 보전합니다"(『독백』 1,1,4).

[109] de specie in speciem: 사물의 변화를 허무로의 추락으로 보는 사조에 대해서 기체(基體)는 유지하면서 형상을 바꿔 가는 실체적 혹은 우유적 형상을 받든다는 아리스토텔레스의 이론을 플로티누스도 수긍하였다(『엔네아데스』 2,4,6).

esse meliorem aut qui hoc concesso arbitretur corpori non accidere, ut corpus non sit, animo accidere, ut animus non sit. Quod si non accidit neque animus esse, nisi vivat, potest, numquam profecto animus moritur.

IX 16. Quod si quisquam non eum interitum dicit formidandum animo, quo efficitur, ut nihil sit, quod aliquid fuit, sed eum, quo dicimus ea mortua, quae vita carent, adtendat, quod nulla res seipsa caret. Est autem animus vita quaedam, unde omne, quod animatum est, vivere, omne autem inanime, quod animari potest, mortuum, id est vita privatum intellegitur. Non ergo potest animus mori. Nam si carere poterit vita, non animus, sed animatum aliquid est. Quod si absurdum est, multo minus hoc genus interitus timendum est animo, quod vitae certe non est timendum. Nam prorsus, si tunc moritur animus, cum eum deserit vita, illa ipsa vita, quae hunc deserit,

---

110 dans ut sit omne, quod per illam est, in quantum est: 세계가 시간과 더불어 무로부터 창조되었다는 입장(creatio ex nihilo)을 고수하면서도, 전체 세계는 영구히 지속한다는 철학자들의 생각을 교부는 굳이 배척하지 않는다.

111 라틴어에 '정물(靜物)'을 가리켜 res mortua라고 표현하는 어법이 있다.

112 생명이 떠나면서 사체(死體)가 남듯이 영혼이 소멸하더라도 영혼이 깃들던 것이 정물(靜物)로 남지 않느냐는 반문이다.

113 포르피리우스(『명제집』Sententiae 21,4)의 명제로 전해 온다.

114 animatum: res mortua라는 것과 inanime라는 것은 구분되어야 한다고 수정하고, 반대 말은 animatum으로 쓰고 있다.

하는 일도 없이, 자기를 통해서 존재하는 모든 것이 일단 존재하는 한 바로 그 사물로서 존재하도록 존재를 부여한다.[110] 그러므로 영혼이 신체보다 훌륭하다는 사실이 확실하지 않다고 하거나, 그 점은 일단 수긍하면서도, 신체에는 신체로서 존재하지 않는 일이 발생하지 않는다면서도 영혼에게는 영혼으로서 존재하지 않는 일이 발생한다고 간주할 만큼 이성을 등지는 사람은 아무도 없어야 한다. 그런 일이 발생하지 않는 이상, 영혼도 살아 있지 않는 한 영혼으로 존재하지 못할 것이니까, 영혼이 죽는 일은 절대 일어나지 않을 것이다.

영혼은 생명 자체이므로 죽음으로 자체를 버리고 떠날 수 있다는 관점

9.16. 그런데 누가 만일 이런 말을 한다고 하자. 영혼으로서는 어떤 사물로 존재했다가 허무가 되어 버리는 그런 사멸을 두려워할 것이 아니고, 생명을 결한 것들을 우리가 '죽은 것'이라고 일컫는[111] 그런 사멸을 두려워해야 한다.[112] 이런 말을 하는 사람은 어떤 사물도 자기 자체를 결하는 일이 없다는[113] 점에 주의를 돌려야 할 것이다. 영혼은 어떤 생명이고, '영혼을 갖춘'[114] 모든 것은 살아 있으며, '영혼을 갖추지 않은 것'으로서 영혼을 갖출 수 있음에도 갖추지 않은 것을 '죽었다'고, 다시 말해서 생명을 결했다고 알아듣는다. 그러므로 영혼은 죽을 수 없다. 무엇이 생명을 결할 수 있다면 영혼이 아니라 영혼을 갖춘 무엇이다.[115] 설령 이 말이 모순된다고 하더라도 영혼으로서는 이런 종류의

---

[115] "영혼의 실체가 어떤 생명, 신체적 생명과는 다른 생명임을 발견하였고, 무릇 생명은 생명 있는 물체에 혼백을 주고 살려 주는 것임을 발견한 사람들은, 생명이 생명을 결할 수는 없으니까, 영혼이 불사불멸하다는 것을 증명하려고 각자가 하는 데까지 노력을 기울였다"(『삼위일체론』 10,7,9).

multo melius intellegitur animus, ut iam non sit animus, quicquid a vita deseritur, sed ea ipsa vita, quae deserit. Quicquid enim ‹a› vita desertum mortuum dicitur, id ab anima desertum intellegitur; haec autem vita, quae deserit ea, quae moriuntur, quia ipsa est animus et seipsam non deserit, non moritur animus.

X 17. Nisi forte vitam temperationem aliquam corporis, ut nonnulli opinati sunt, debemus credere. Quibus profecto numquam hoc visum esset, si ea, quae vere sunt et inconmutabilia permanent, eodem animo a corporum consuetudine alienato atque purgato videre valuissent. Quis enim bene se inspiciens non expertus est tanto se aliquid intellexisse sincerius, quanto removere atque subducere intentionem mentis a corporis sensibus potuit? Quod si temperatio corporis esset animus, non utique id posset accidere. Non enim ea res, quae naturam propriam non haberet neque substantia esset, sed in subiecto corpore tamquam color et forma inseparabiliter inesset,

---

116 죽어 가는 것이 신체이듯이 살아 있는 것도 신체라는 주장(플라톤 『파이돈』 105b-107b)에 맞서서, 영혼은 신체에 생명을 주고 신체를 떠남으로써 생명을 빼앗는 주체일 뿐만 아니라 생명 자체다. 타던 나무에 불이 꺼지듯이 생명이 없어지는 것이 아니고 생명도, 영혼도 실체라는 설명(플로티누스 『엔네아데스』 4,7,11)도 있다.

117 corporis temperatio: 해제의 각주 24 참조.

118 이 주장을 교부는 스토아와 에피쿠로스학파의 견해로 소개한다(『삼위일체론』 10,7,9; 10,10,15).

119 "불변하게 존속하는 것이야말로 참으로 존재하는 것"[id enim vere est, quod incommutabiliter manet(『고백록』 7,11,17)]처럼, 아우구스티누스가 '이념', '진리 자체', 심지어 '하느님'을 지칭할 적에 사용하는 표현(vere est)이다.

사멸을 두려워할 이유가 더 적다. 그런 사멸은 생명으로서도 두려워할 것이 아니다. 만일 생명이 영혼을 떠나는 순간에 정말 영혼이 죽는다면, 영혼을 떠나는 생명이 곧 영혼이라고 이해하는 편이 훨씬 낫다. 왜냐하면 무엇이든 생명으로부터 버림받는다면, 버림받는 그것은 이미 영혼이 아닐 것이고 그것을 버리고 떠나는 생명 자체가 영혼일 것이기 때문이다. 무엇이든 생명으로부터 버림받아 '죽은 것'이라고 불리면, 그것은 다름 아닌 영혼으로부터 버림받은 것으로 이해된다. 그러므로 죽어 가는 사물을 버리고 떠나는 이 생명은 그 자체가 곧 영혼이므로 생명 자체를 버리고 떠나지 않는다.[116] 그러므로 영혼은 죽지 않는다.

생명은 신체의 어떤 조절이라는 관점

10.17. 생명이라고 하면 혹자들은 신체의 어떤 조절調節[117] 정도로 생각하였는데 아마 우리도 그런 사람들의 말을 과연 믿어야 할지 모르겠다.[118] 사실 신체의 관성에서 떠나고 정화된 영혼을 가지고서 참으로 존재하면서 불변하게 존속하는 사물들을[119] 관찰할 힘이 있었더라면 이런 생각이 그들에게는 결코 떠오르지 않았을 것이다. 자기를 잘 성찰하는 사람이라면, 지성知性[120]의 지향을 신체의 감관으로부터 떼어 내고 이탈시킬 수 있을수록,[121] 자신이 참으로 어떤 사물을 깊이 있게 인식하였다는 사실을 경험하지 못한 사람이 누구겠는가? 영혼이라는 것이 신체의 조절이라면 물론 이런 일은 일어날 수 없을 것이다. 그 까닭

---

[120] 교부에게 '지성'(mens)은 영혼의 상위 능력, 곧 가지적 대상을 파악하는 능력 — 보통 intellectus 또는 intellegentia(오성)로 표기 — 을 지칭한다.

[121] "감각적인 것들을 철저하게 피해야 하고, … 우리 날개의 깃털이 … 온전하고 완벽해야만 그것으로 우리가 이 어둠으로부터 저 빛을 향하여 날아오를 것이다"(『독백』 1,14,24).

ullo modo se ab eodem corpore ad intellegibilia percipienda conaretur avertere et, in quantum id posset, in tantum illa posset intueri eaque visione melior et praestantior fieri. Nullo quippe modo forma vel color vel ipsa etiam corporis temperatio, quae certa conmixtio est earum quatuor naturarum, quibus idem corpus subsistit, avertere se ab eo potest, in quo subiecto est inseparabiliter. Ad hoc: ea, quae intellegit animus, cum se avertit a corpore, non sunt profecto corporea, et tamen sunt maximeque sunt; nam eodem modo semper sese habent nihilque absurdius dici potest quam ea esse, quae oculis videmus, ea non esse, quae intellegentia cernimus, cum dubitare dementis sit intellegentiam incomparabiliter oculis anteferri. Haec autem, quae intelleguntur eodem modo sese habentia, cum ea intuetur animus, satis ostendit se illis esse coniunctum, miro quodam eodemque incorporali modo, scilicet non localiter. Namque aut in illo sunt aut ipse in illis. Et utrumlibet horum sit, aut in subiecto alterum in altero est aut utrumque substantia est. Sed si illud primum est, non est in subiecto corpore animus, ut co-

---

122 '인식'을 통해서 보다 나은 존재가 '된다'는 것은 교부의 인식론의 핵심이다. 영혼[지성]이 정화되어야 진리를 볼 수 있다는 주장도 같은 논지다. "그대는 가장 순결한 눈길과 포옹으로, 그리고 그 사이에 아무런 장막도 놓이지 않은 채 지혜를 보고 싶고 끌어안고 싶어 한다"(『독백』 1,13,22)는 구절처럼 교부는 진리 사랑을 '눈길'[봄]과 '포옹'으로 표현하였다.

123 고대철학의 흙, 물, 공기, 불 네 가지 원소(elementa)를 아우구스티누스는 '자연 사물'(naturae)로 표현한다. 후속 저서(『영혼의 위대함』)에서 훨씬 자주(1,2; 13,22; 31,62) 언급한다.

124 앞에서도(본서 4,5) 영혼은 물체처럼 길이와 넓이와 높이가 없으면서도 존재를, 더 나은 존재를 소유한다고 언명한 바 있다.

은 어떤 사물이든지 자기 고유의 자연 본성을 갖추지 않았고 또 실체도 아니라면, 그래서 색깔이나 형태처럼, 신체를 주체로 삼아서 불가분하게 신체 속에 내재하고 있다면, 그런 사물은 어느 모로도 물체로부터 스스로 등을 돌려 가지적인 것들을 포착하는 데로 돌아서려는 시도를 하지 않을 것이다. 그렇게 할 능력이 있어야만 그러한 가지적 대상들을 직관할 수 있고 또 그런 직관을 통해서 더 훌륭하고 더 탁월한 존재가 될 수 있을 것이다.[122] 그러므로 형태나 색깔, 또는 신체의 조절 그 자체 — 이것은 저 네 가지 자연 사물들의[123] 모종의 합성이고, 신체 역시 이 네 자연 사물들에 의해서 성립한다 — 는 신체를 주체로 하여 그 속에 불가분하게 존재하므로, 무슨 수로도 자체를 신체로부터 등지지 못한다. 그뿐이 아니다. 영혼이 신체로부터 등지면서 인식하는 대상은 절대로 물체적인 것이 아니고, 그러면서도 그것들은 존재하고 또 최고도로 존재한다. 자체를 항상 여일하게 간직하는 까닭이니, 따라서 우리가 눈으로 보는 것들은 존재하지만 오성悟性으로 감지하는 것들은 존재하지 않는다는 말보다 더 심한 자가당착이 없다.[124] 오성이 눈보다 비교할 수 없을 정도로 중시된다는 사실을 의심하는 것은 정신 나간 사람의 짓인데 말이다.[125] 항상 여일하게 존재를 간직하고 있는 사물들이 인식될 경우, 그런 것들을 인식하는 영혼은 자체가 그런 사물들과 결속되어 있음을 충분히 과시하기에 이르며, 그것도 비물체적인 방식으로, 즉 공간에 구애되지 않고서 그것들과 결속되어 있음을 보여 준다. 이럴 경우 가지적 사물들이 영혼 속에 존재하거나 영혼이 그 사물들 속에 존재하

---

[125] 아우구스티누스는 오성을 '영혼의 내적 시선'이라고 부른다. "영혼에게는 모종의 내적 시선, 곧 오성으로 [물체에서] 선만을 바라보는 일이 허용되어 있다"(『영혼의 위대함』 14,23).

lor et forma, quia vel ipse substantia est vel alteri substantiae, quae corpus non est, in subiecto inest. Si autem hoc secundum verum est, non est in subiecto corpore tamquam color animus, quia substantia est. Temperatio autem corporis in subiecto corpore est tamquam color: non est ergo temperatio corporis animus, sed vita est animus; et se nulla res deserit; et id moritur, quod vita deserit: non igitur animus mori potest.

XI 18. Rursus igitur, si quid metuendum est, id est metuendum, ne deficiendo animus intereat, id est dum ipsa exsistendi specie privatur. De qua re quamquam satis esse dictum arbitrer et, quam hoc fieri non possit, certa ratione monstratum sit, tamen etiam hoc adtendendum est, non esse aliam causam huius formidinis nisi quia fatendum est in defectu quodam esse animum stultum et in essentia certiore atque pleniore sapientem. Sed si, quod nemini dubium est, tunc est animus sapientissimus, cum veritatem, quae semper eodem modo est, intuetur eique inmobilis inhaeret divino amore coniunctus et illa omnia, quae quoquo modo sunt, ab ea essentia sunt, quae

---

126 적어도 영혼이 신체의 우유적 '조화'나 '조절'은 아니라는 뜻에서, 가지적 이념과 영혼은 하나가 다른 하나에게 주체가 되는 관계로 설정된다.

127 앞의 8,15-9,16에서 논의한 내용이다.

128 앞에서도(7,12) 영혼이 "진리 — 진리는 '최고로 또 원천적으로 존재'한다 — 라고 하는 불변하는 사물 … 이성으로부터 등을 돌렸을 경우 그 자체가 '더 못한 존재'를 지니는 일이고 따라서 결손을 자행하는 짓이다. 그리고 모든 결손은 허무를 향한다"는 논지가 있었다.

거나 한다. 이 중 어느 말이 옳든 상관없이, 하나가 다른 하나에 마치 주체에 있듯이 존재하거나, 양편 다 어떤 실체이거나 둘 중 하나다. 그런데 만일 전자의 경우가 맞더라도, 영혼이 색깔이나 형태처럼 신체를 주체로 삼아 신체 안에 존재하는 것은 아니니, 그 이유는 영혼 자체가 실체이거나, 다른 실체 ─ 그 실체는 결코 신체가 아니다 ─ 를 주체로 삼아 그 안에 존재하거나 할 것이기 때문이다.[126] 그러나 만일 후자가 참이더라도, 영혼이 색깔처럼 신체를 주체로 삼아 신체 안에 존재하는 것은 아니니, 영혼은 실체이기 때문이다. 그런데 신체의 조절이라는 것은 마치 색깔처럼 신체를 주체로 삼아 그 안에 존재한다. 그러므로 영혼은 신체의 조절이 아니고 생명이다. 또 아무 사물도 자체를 유기하고 저버리지 않는다. 또 생명이 저버리는 그것은 죽는다. 따라서 영혼은 죽을 수 없다.[127]

영혼이 스스로 자기를 소멸시킬 수 있거나

11.18. 다시 말해 보자. 뭔가를 걱정해야 한다면 영혼이 무엇인가 위축되면서, 말을 달리 하자면 영혼에 존재의 형상이 결여되는 경우가 생기면서 사멸하는 것이 아닐까 두려워할 만하다.[128] 그런데 이 점에 대해서는 충분히 말했다고 여기며, 그런 일이 일어날 수 없다는 것은 확실한 이치로 입증되었다고 보지만, 다음과 같은 점 달고는 이 두려움의 다른 이유가 없다는 사실은 유의할 만하다. 즉, 어리석은 영혼은 어떤 결손缺損에 의해서 어리석은 영혼으로 존재하고, 현명한 영혼은 보다 확연하고 보다 충만한 존재로 인해서[129]▶ 현명한 영혼으로 존재한다고 말해야 한다는 점이다.[130]▶ 이 점에는 아무도 의심을 두지 않는데, 영

영혼 불멸 81

summe maximeque est, aut ab illa est animus, in quantum est, aut per seipsum est. Sed si per seipsum est, quoniam ipse sibi causa exsistendi est et numquam se deserit, numquam interit, ut supra etiam disputavimus. Si vero ex illa, diligenter opus est quaerere, quae res ei possit esse contraria, quae animo auferat animum esse, quod illa praebet. Quid est igitur? An forte falsitas, quia illa veritas? Sed manifestum est atque in promptu situm, quantum nocere animo falsitas possit. Num enim amplius potest quam fallere? At nisi qui vivit, fallitur nemo. Non igitur falsitas interimere animum potest. Quod si haec non potest, quae contraria veritati est, auferre animo animum esse, quod ei veritas dedit – ita enim est invictissima veritas –, quid aliud invenietur, quod auferat animo id, quod est

---

◀129 in essentia certiore atque pleniore: 아우구스티누스에게서 essentia는 '존재' 혹은 '존재자'를 의미하며, substantia, natura와 호환된다["(하느님은) 의심 없이 실체(實體) 혹은 더 정확하게 불러서 존재(存在)이시며, 그리스인들은 이것을 οὐσία라고 부른다": 『삼위일체론』 5,2,3]. existentia(존재)에 대당되는 essentia(본질) 개념은 나타나지 않는다.

◀130 플로티누스(『엔네아데스』 3,5,9)는 에로스 신화를 배경으로 오성에 '충만'(essentia plenior)과 '빈곤'(defectus)이 존재론적 상처를 이루는 현상을 설명한 바 있다.

131 참조: "순수하고 순정한 … 사랑으로 학문을 갖춘 영혼들, 덕성으로 아리따운 영혼들이 철학을 통해서 인식과 결합하기에 이를 것이요 그런 영혼들은 참된 행복을 향유하기에 이를 것이다"(『질서론』 1,8,24).

132 ab ea essentia, quae summe maximeque est: "최고의 존재자가 존재하는 모든 것을 존재하게 만드시고, 바로 그런 이유에서 존재자라고 불리신다"(『참된 종교』 11,22).

133 앞의 8,15 참조.

134 앞선 저작(『아카데미아학파 반박』 1,4,11; 3,11,24-26; 『독백』 2,3,3-9,17)에서 교부는 허위 문제를 상당히 예리하게 분석하였다. falsum은 존재의 변전(變轉)과 감각적 지각에 대한 이성의 그릇된 판단에서 기인하고 존재론적 기반을 못 가지므로 영혼의 존재를 무화시킬 능력이 없다.

혼이 항상 여일한 양상으로 존재하는 진리를 직관하고, 신성한 사랑으로 그 진리에 결합하여 부동하는 자세로 그 진리에 귀의할 때야말로, 더없이 지혜로운 영혼이라는 것이다.[131] 그리고 어느 모양으로든 존재하는 모든 것은 다름 아닌 바로 그 존재자에 의해서, 곧 최고로 가장 위대하게 존재하는 존재자에 의해서 존재하는 이상,[132] 영혼 역시 그것이 존재하는 한, 바로 그 존재자에 의해서 존재하거나, 그렇지 않으면 영혼 자체를 통해서 존재한다. 만일 영혼이 자기 자체를 통해서 존재한다면 영혼 자체가 자기 존재의 원인이 되므로 결코 자처를 버리고 떠나는 일이 없을 것이고 결코 사멸하는 일이 없을 것이니 이것은 앞에서 우리가 이미 토론한 것이다.[133] 그 대신 최고로 존재하는 저 존재자에 의해서 영혼이 존재한다면, 영혼으로서의 존재를, 저 존재자가 부여하는 그 존재를 영혼으로부터 앗아 갈 만큼 저 존재자에게 맞서는 사물이 과연 무엇인지 진지하게 살펴볼 필요가 있다. 그것이 도대체 무엇일까? 저 존재자가 진리라는 점에서 혹시 그것이 허위가 아닐까? 허위가 영혼을 얼마나 해칠 수 있는지는 뚜렷하고 또 엄연하다.[134] 하지만 허위란 영혼을 속이는 일 말고도 더 이상 무엇을 할 수 있을까? 그런데 살아 있는 자가 아니고는 아무도 속지 않는다.[135] 따라서 허위가 영혼을 소멸시키지 못한다. 진리와 상반자相反者인 이것이 영혼으로서의 존재를 영혼으로부터 박탈하지 못한다고 하자. (진리야말로 만고불패의 존재이므로) 진리가 영혼에 부여한 그 존재를 박탈하지 못한다고 하자. 그럼 영혼으로서의 존재를 영혼에게서 앗아 갈 만한 다른 무엇이 발견될까?

---

135 이 명제는 후일에 si fallor, sum('내가 속는다면 나는 존재한다')이라는 명제(『신국론』 11,26; 『삼위일체론』 15,12,21)로 발전한다.

animus? Nihil profecto; nam nihil est contrario valentius ad id auferendum, quod fit ab eius contrario.

XII 19. At si veritati contrarium ita quaeramus, non in quantum veritas est, sed in quantum summe maximeque est, quamquam in tantum est idipsum, in quantum est veritas – siquidem veritatem eam dicimus, qua vera sunt omnia, in quantumcumque sunt; in tantum autem sunt, in quantum vera sunt –, tamen nullo modo id defugerim, quod mihi evidentius suffragatur. Nam si nulla essentia, in quantum essentia est, aliquid habet contrarium, multo minus habet contrarium prima illa essentia, quae dicitur veritas, in quantum essentia est. Primum autem verum est. Omnis enim essentia non ob aliud essentia est, nisi quia est. Esse autem non habet contrarium nisi non esse: unde nihil est essentiae contrarium. Nullo modo igitur res ulla esse potest contraria illi substantiae, quae maxime ac

---

[136] nihil profecto: 문장 그대로는 '다름 아닌 허무다'라는 역설적 번역도 가능하다.

[137] '허위'가 '진리'보다 더 강하려면 자기의 상반자(contrarium)인 '진리'와 더불어 '강함'[= 강하게 존재함]이라는 공통 기반을 가져야 하는데 '허위'는 존재하지 않는 것이므로 '존재 자체'와 공통 기반을 가지고서 겨룰 수 없으므로 '자체로 존재하는 진리'가 영혼에 부여한 존재함을 영혼으로부터 박탈하지 못한다는 논리다. 교부는 키케로의 번역으로 플라톤의 '상반자이론'(『파이돈』 102b-105b)을 읽었을 것이다.

[138] "진리라는 것 다르고 참되다고 말하는 것 다르다. 정결한 사물에서 정결이 생기는 것이 아니고 정결에서 정결한 사물이 생기는 까닭이다. 그러니 무엇이 참되다면 당연히 진리에 의해서 참되다"(『독백』 2,15,27).

[139] 그 무엇도 영혼에게서 존재를 박탈할 수 없다는 아우구스티누스 입장을 지지해 준다.

[140] essentia: 앞의 각주 129 및 이 어휘의 현대어 번역[essence(Labriolle), esseità(Catapano), a being(Schopp)] 참조.

아무것도 없다.¹³⁶ 상반자에 의해서 생겨나는 바를 앗아 갈 만큼 상반자보다 더 강한 것은 아무것도 없다.¹³⁷

타자에 의해서 소멸될 수 있다는 관점

12.19. 그런데 우리가 진리와 맞서는 상반자를 이런 식으로 규명한다면, 더구나 진리라는 관점에서가 아니라 최고로 가장 위대하게 존재한다는 관점에서 — 물론 저 존재자는 진리라는 그 점에서 그 자체로 존재한다 — 논한다면, 우리로서는 어떻게 존재하든 존재하는 모든 것이 그것에 힘입어 참이 되는 바로 그 원리를 진리라고 일컫는 셈이요, 또 사물들이 참이라는 그 점에서 존재한다고 말하는 셈이다.¹³⁸ 이 관점은 내게 뚜렷한 도움이 되기 때문에¹³⁹ 내가 그냥 넘어가는 일이 결코 없을 것이다. 어느 존재자도¹⁴⁰ 그것이 존재자인 한에서 자기에게 맞서는 상반자를 가지지 않는다.¹⁴¹ 그러니 존재자라는 점에서 진리라고 일컬어지는 저 제일 존재자에게는 더욱 상반자가 있을 수 없다.¹⁴² 첫째 명제는 맞다. 모든 존재자는 존재한다는 그 점 아닌 다른 이유로 존재자가 되는 것이 아니기 때문이다. 사실 존재는 비존재 아닌 다른 상반자를 가지지 않는다.¹⁴³▶ 그러니까 허무야말로 존재자에 맞서는 상반자다.¹⁴⁴▶ 따라서 어떤 사물도 최고로 그리고 가장 원초적으로 존재하는

---

141 아리스토텔레스의 명제, "존재자(οὐσία)는 존재자인 한에서 상반자를 갖지 않는다. 따라서 '이 사람', '저 동물' 같은 제 실체에게는 상반자가 없다"(『범주론』*Categoriae* 5,3b24)도 참조하라. 플로티누스는 선의 본성에 악의 본성이 상반되듯이 οὐσία에는 μὴ οὐσία가 상반자라는 주장을 편다(『엔네아데스』 1,8,6).

142 "존재하는 모든 것이, 존재하는 한에서, 그분(최초이자 최고의 존재자)에게서 존재한다"(『참된 종교』 11,21). 앞의 각주 132 참조.

primitus est. Ex qua si habet animus idipsum, quod est – non enim aliunde hoc habere potest, qui ex se non habet, nisi ab ea re, quae illo ipso est animo praestantior –, nulla res est, qua id amittat, quia nulla res ei rei est contraria, qua id habet; et propterea esse non desinit. Sapientiam vero quia conversione habet ad id, ex quo est, aversione illam potest amittere. Conversioni namque aversio contraria est. Illud vero, quod ex eo habet, cui nulla res est contraria, non est, unde possit amittere. Non igitur potest interire.

XIII 20. Hic forte oboriatur nonnulla quaestio, utrum, sicut non interit animus, ita nec in deteriorem conmutetur essentiam. Videri enim cuipiam potest, neque iniuria, id effectum esse ratiocinatione hac, ut animus ad nihilum pervenire non possit, converti autem in corpus forsitan possit. Si enim, quod erat ante animus, corpus fuerit effectum, non utique omnino non erit. Sed hoc fieri non potest, nisi aut ipse id velit aut ab alio cogatur. Nec continuo tamen animus, si-

---

◀143 esse non habet contrarium, nisi non esse: 교부가 마니교의 이원론을 의식하면서 존재의 단일성을 착안한 것은 포르피리우스에게서였을 것이다. "불변하는 자야말로 참으로 존재한다. 그 밖에 그에 의해서 만들어진 것들은 그분에 의해서, 자기 양태대로 존재를 받았다. 최고로 존재하는 그분에게 반대되는 것이라고는 존재하지 않는 것 말고는 없다"(『선의 본성』, *De natura boni* 19,19).

◀144 nihil est essentiae contrarium: "그러니까 존재자에 상반되는 것은 아무것도 없다"는 라틴어 문장이다.

145 substantia: 앞의 각주 129 참조. 여기서는 이 용어가 '제일 존재자'인 '진리'를 별도 지칭한다.

저 실체에[145] 맞서는 상반자가 결코 될 수 없다. 그런데 영혼이 바로 저 실체로부터 자기가 존재하는 바로 그것[146]을 받았다면(영혼 그 자체보다 탁월한 저 사물에게서가 아니면 다른 데서 그것을 받을 수는 없다. 자기 자체한테서는 받을 수 없으니까 말이다.) 영혼이 받은 바를 상실하게 만드는 사물은 아무것도 존재하지 않는다. 영혼이 존재를 받은 그 존재자와 맞서는 상반자가 아무것도 없기 때문이다. 바로 그래서 영혼은 존재하기를 중단하지 않는다. 지혜로 말할 것 같으면 영혼이 자기가 존재를 받은 그 대상을 향하여 전향轉向함으로써 얻는 것이므로 그 존재를 등지는 배향背向으로 지혜를 상실하는 일이 가능하다. 배향은 전향에 상반되는 까닭이다. 제일 존재자에게는 상반자가 아무것도 없으므로 그 존재자로부터 받는 것은 결코 상실할 수 없다. 그러므로 영혼은 소멸할 수 없다.

영혼이 존재를 그보다 못한 신체로 변환시킬 수 있는 데 스스로 자원하거나

13.20. 여기서 어떤 물음이 발생한다. 영혼이 소멸하지 않더라도, 과연 더 못한 존재자로 변질되는 일도 없겠느냐는[147] 물음이다. 영혼이 허무에 도달할 수는 없지만 아마도 육체로 변환할 수 있으리라는 그런 논리에서는 혹자에게는 그런 결과가 오는 것이 가능할뿐더러 부당하지도 않다고 보일 수 있다. 만일 먼저 영혼으로 존재하던 것이 일단 육체로 존재하게 된다면, 그것 때문에 전적으로 존재하지 않는 것은 물론

---

[146] idipsum quod est: essentia의 다른 명칭이면서 영혼의 (우유적 현상 아닌) 존재론적 구조를 적시한다.

[147] commutetur: 실체(實體)나 우유(偶有)에 일어나는 일반적 의미의 변화보다도 commutatio(아리스토텔레스 『범주론』 14,15a-b)는 부정적 하락(下落)을 의미하는 변질(變質)을 시사한다.

영혼 불멸 87

ve ipse id adpetierit sive coactus fuerit, poterit corpus esse. Illud e-
nim sequitur ut, si sit, velit aut cogatur. At illud non sequitur, ut, si
velit aut cogatur, sit. Numquam autem volet. Nam omnis eius adpe-
titus ad corpus, aut ut id possideat, est, aut ut vivificet, aut ut quo-
dammodo fabricetur, aut quolibet pacto ei consulat. Nihil autem
horum fieri potest, si non sit corpore melior. At si erit corpus, me-
lior corpore profecto non erit. Non igitur corpus esse volet. Neque
ullum rei huius certius argumentum est quam cum seipsum hinc in-
terrogat animus. Ita enim facile comperit adpetitum se non habere
nisi agendi aliquid aut sciendi aut sentiendi aut tantummodo viven-
di, in quantum sua illi potestas est.

21. Si autem cogitur corpus esse, a quo tandem cogitur? A quoli-
bet, certe a potentiore. Non ergo ab ipso corpore ‹cogi› potest. Nul-

---

[148] 영혼의 변모에 관한 신화적인 표상들, 예컨대 플라톤에게서만 보더라도, 커다란 잔에 세계혼과 질료를 뒤섞어서 별들의 숫자만큼 영혼을 만들어 내는 얘기(『티마이오스』 41d-43e), 저 유명한 동굴의 신화(『공화국』*Respublica* 514a-517a), 날개를 잃고 타락함(『파이드로스』 248a-249d) 등이 있어 영혼의 변화를 얘기함은 자연스러웠다.

[149] 영혼이 죄벌로 육체 속에 깃들게 되는 과정은 흔한 소재였다(플로티누스 『엔네아데스』 4,8,5).

[150] adpetitus: 어원상 ad-petere(그쪽을 향하다)는 본성적 성향이요 자체의 완성을 위한 목적과 결부되는 작용을 함의한다.

[151] 영혼은 육체에 생명을 부여함으로써 육체가 인간 육체로 존립하도록 통합시키고 조절하고 보호한다.

아니다.[148] 하지만 영혼 자체가 그렇게 되고 싶어 한다든가 다른 무엇에게 강요받는 경우가 아니면,[149] 그런 일은 일어날 수 없다. 그런데 스스로 그렇게 되기를 욕구하거나 어디서 강요받는다고 해서, 영혼이 육체가 될 수 있다는 결론이 곧장 나오지는 않는다. 영혼이 육체가 되는 일이 설령 있다면야 영혼이 스스로 그렇게 되기를 원하거나 그렇게 되도록 강요받아서 그렇게 되리라는 결론이 나올 법하다. 그러나 영혼이 스스로 원하거나 강요받는다고 해서, 영혼이 육체가 되리라는 그런 결론은 나오지 않는다. 우선 영혼이 절대 원치 않을 것이다. 육체를 향하는 영혼의 모든 욕구[150]는 육체를 소유하기 위함이거나, 육체를 살리기 위함이거나, 어떤 방식으로든 육체를 빚어내기 위함이거나, 그렇지 않으면 어떤 양상으로든지 육체를 보살피기 위해 존재한다.[151] 그런데 영혼이 육체보다 더 낫지 않으면 이 중 어느 것도 이루어지지 못한다. 그리고 영혼이 육체가 되어 버린다면 이미 육체보다 더 나은 존재가 아닐 것이다. 그러므로 육체로서 존재하기를 원할 리 없다. 여기에서는 영혼 자체가 이 점에 관해서 스스로 질문을 던지는 것보다 더욱 분명한 논증이 없겠다. 그리고 영혼이 어떤 욕구를 지녔다면 영혼이 자기 능력이 미치는 한에서 무엇을 행하려는 욕구, 알려는 욕구, 감지하려는 욕구, 그리고 어떻게든 살려는 욕구 외에 다른 욕구를 품지 않는다는 점이 쉽사리 발견된다.

타자에게 강요를 받아서 그렇게 될 수 있다는 관점

13.21. 영혼이 육체로서 존재하라고 강요받는다면 누구한테서 강요받을까? 누구한테서 받든 자기보다 더 강한 자에게서 받을 것임에 틀

lo enim modo ullo animo ullum corpus potentius. Potentior autem animus non cogit in aliquid, nisi quod suae potestati subditum est. Nec ullo modo animus potestati alterius animi nisi suis cupiditatibus subditur. Cogit ergo ille animus non amplius quam quantum eius quem cogit cupiditates sinunt. Dictum est autem cupiditatem non posse animum habere, ut corpus sit. Illud etiam manifestum est ad nullam suae cupiditatis expletionem pervenire, dum amittit omnem cupiditatem; et amittit, dum corpus fit. Non igitur potest ab eo cogi, ut fiat, qui cogendi ius nisi per subditi cupiditates non habet. Deinde quisquis animus alterum animum habet in potestate, magis eum necesse est velit in potestate habere quam corpus et ei vel bonitate consulere vel malitia imperitare. Non ergo volet, ut corpus sit.

22. Postremo iste animus cogens aut animal est aut caret corpore. Sed si caret corpore, in hoc mundo non est; et si ita est, summe bonus est nec potest velle alteri tam turpem conmutationem. Si autem

---

152 다른 데서(『자유의지론』 1,10,20) "살아 있지 않은 것보다는 살아 있는 실체를 앞세워야 한다거나, 생명을 받는 것보다 생명을 주는 것을 앞세워야 한다"는 이유를 내세운다.

153 어떤 작용을 하는 능력(potentia 혹은 vis)과 달리 다른 사물에 대한 통제권을 나타내는 단어(potestas)를 구사하여, 영혼들은 동등한 권능을 가졌으므로, 하나가 다른 하나를 강요할 입장이 아님을 암시한다.

154 바로 앞의 13,20 참조.

림없다. 그러니 적어도 육체한테서 강요받는 것은 아니다. 그런데 어느 육체도 어느 영혼보다 무슨 수로도 더 강하지는 않다.[152] 그리고 더 강한 영혼이 그런 강요를 하리라고 가정할 경우 그 영흔은 자기 권능[153]에 복속된 자에게가 아니면 무엇을 강요하지 않는다. 또 영혼은 자기의 욕망으로 타자의 권능에 스스로 굴복하는 경우가 아니면, 다른 영혼의 권능에 복속하는 일이 없다. 그래서 저 영혼이 설혹 무엇을 타자에게 강요하더라도 자기가 강요하는 상대의 욕망이 허용하는 범위 그 이상으로는 강요하지 못한다. 그렇지만 육체로서 존재하려는 욕망을 영혼이 지닐 수 없다는 말은 앞에서 했다.[154] 그리고 영혼이 일체의 욕망을 상실하면 자기 욕망의 여하한 충족에도 이르지 못할 텐데, 영혼이 육체가 되면 곧 그 욕망을 잃는다는 것은 분명하다. 그러니까 자기에게 복속하는 존재의 욕망을 통해서가 아니면 무엇을 강요할 권리가 없는 존재한테서 영혼이 육체가 되라는 강요를 받는 일은 있을 수 없다. 따라서 어느 영혼이든 만약 다른 영혼을 자기 권능을 지닌 채로 거느리는 경우, 필시 그 영혼을 육체로서보다는 영혼으로서 권능으로 거느리는 편을 더 좋아할 것이다. 또 권능을 지닌 대상에게 선을 행하라거나 악을 극복하라고 훈계하고 싶어 할 것이다. 그러니 자기 권능으로 거느리는 그 영혼이 육체로서 존재하기를 바랄 리 없다.

강요는 받지 않더라도 그럴 만한 조건이 생기거나

13.22. 마지막으로, 인간 영혼에게 강요를 할 만한 저 영혼은 생물이거나[155]▶ 육체를 갖추지 않았거나 둘 중 하나이리라. 그러나 만일 육체를 결한 존재라면 이 세상에 존재하지 않는다.[156]▶ 만약 그렇다면 최고

영혼 불멸 91

animal est, aut animal est etiam ille, quem cogit, aut non est. Sed si non est, ad nihil cogi ab alio potest. Non enim habet potentiorem, qui in summo est. Si autem in corpore est, ab eo rursus, qui in corpore est, per corpus cogitur, ad quodcumque cogitur. Quis autem dubitet nullo modo per corpus fieri tantam conmutationem animo? Fieret enim, si esset illo corpus potentius, quamvis quicquid illud est, ad quod per corpus cogitur, prorsus non per corpus, sed per cupiditates suas cogitur, de quibus satis est dictum. Quod autem rationali anima melius est, omnibus consentientibus deus est. Qui profecto consulit animae et ideo non ab eo cogi anima potest, ut convertatur in corpus.

XIV 23. Si igitur nec propria voluntate nec alio cogente id animus patitur, unde id pati potest? An quia invitos nos plerumque opprimit somnus, metuendum est, ne quo tali defectu animus conver-

---

◀155 aut animal est: animatum('영혼을 갖춘': 앞의 각주 114 참조)과 동의어로서 '생물'을 가리킴을 다양한 현대어 번역[être animè(Labriolle), avere corpo(Gentili), l'animo di un corpo animato(Catapano), a body invested with life(Schopp)]들이 방증한다.

◀156 『재론고』 1,5,3: "'만일 육체를 결한 존재라면 이 세상에 존재하지 않는다'라고 한 말로 내가 무슨 얘기를 하려고 했던가를 기억해 내지 못하였다. 마치 지옥은 이 세상에 있지 않기라도 하다는 논지를 들어, 죽은 이들의 영혼은 육체를 결한 것이 아니거나 이 세상에 있는 것은 아니거나 둘 중 하나라는 말을 하려는 것이었을까? 육체를 결한다는 말을 내가 좋은 뜻으로 설정하였으므로 아마 육체적 패악을 일컫고 싶었던 것 같다. 만약 그렇게 했다면 나로서는 그 단어를 너무 엉뚱하게 사용한 셈이다."

157 in summo est: 존재의 위계(位階)에서 존재자의 완전성에 따른 위치를 말한다.

로 선한 영혼일 테고 따라서 타자가 추루한 변모를 겪기를 바랄 리 없다. 그리고 만약 생물이라면 그가 강요한다는 대상 역시 생물이거나 그렇지 않거나 할 것이다. 강요하는 대상이 생물이 아니라면, 타자로부터 아무런 강요도 받을 수 없다. 최고 영역에 존재하는[157] 자는 자기보다 더 강한 자를 둘 수 없는 까닭이다. 그 대상이 육체 속에 존재한다면, 무슨 일로 강요받든 간에 육체 속에 존재하는 자로부터, 육체를 통해서 강요받게 된다는 말이 다시 나온다. 육체를 통해서 영혼에 그처럼 엄청난 변질이 초래되는 일이 결코 없다는 것을 누가 의심하겠는가? 만에 하나라도 육체가 영혼보다 더 강하다면야 저런 일이 일어날지 모른다. 육체를 통해서 강제로 영혼을 몰아세우는 것이 무엇이든 상관없이, 그것은 육체를 통해서 강요를 당하는 것이 아니고 영혼이 자기의 욕망을 통해서 강요를 당하며, 이 점에 관해서는 넉넉할 만큼 얘기했다.[158] 이성혼理性魂보다 훌륭한 것으로 말하자면, 모두 동의하듯이, 하느님이다.[159] 그분이라면 영혼이 본연의 사명을 행하도록 훈유訓諭할 분이며, 따라서 영혼더러 신체로 전향하라는 강요를 그분에게 당할 리 없다.

수면 같은 결핍 상태로 변질될 수도 있다는 관점

14.23. 영혼이 자기 의지로 당하는 것도 아니고 누가 강요해서 당하는 것도 아니라면, 과연 어디서 그런 변화를 겪을 수 있을까? 우리가 싫

---

[158] 앞의 13,21 참조. 영혼이 자체의 동의 없이 하위 존재자나 상위 존재자에 의해서 그런 변질을 겪을 수 없음은 『자유의지론』(1,10,20-11,21; 3,1,2; 3,14,39)에서 상론된다.

[159] 본서에서 '하느님'(deus)이 언급되는 유일한 구절이다. 하느님과 '강요'의 문제는 『자유의지론』(1,10,21; 2,6,14; 2,13,35)의 주제 가운데 하나다.

tatur in corpus? Quasi vero, quoniam somno membra nostra marcescunt, idcirco animus fiat ulla ex parte debilior. Sensibilia tantum non sentit, quia, quicquid illud est, quod somnum facit, e corpore est atque in corpore operatur. Corporeos enim sensus sopit et claudit quodammodo, ita sane, ut tali conmutationi corporis cedat anima cum voluptate, quia secundum naturam est talis conmutatio, quae reficit corpus a laboribus; non tamen haec adimit animo vel sentiendi vim vel intellegendi. Nam et imagines sensibilium praesto habet tanta expressione similitudinis, ut eo ipso tempore discerni nequeant ab his rebus, quarum imagines sunt; et si quid intellegit, aeque dormienti ac vigilanti verum est. Nam verbi gratia si per somnium disputare sibi visus fuerit verasque rationes secutus in disputando didicerit aliquid, etiam expergefacto eaedem inconmutabiles manent, quamvis falsa reperiantur cetera, veluti locus, ubi disputatio, et persona, cum qua disputatio fuisse visa erat, et verba ipsa, quod ad sonum adtinet, quibus disputari videbatur, et alia

---

160 defectu: 앞의 각주 78 참조.

161 후속 저작(『영혼의 위대함』 22,38-40)에서는 잠과 심신의 무력증을 길게 다루면서 영혼이 신체와 더불어 성장 발달하는 것이 아님을 예거하여 영혼의 존재가 신체로부터 독자적임을 입증한다.

162 vel sentiendi vim vel intellegendi: 감각적 지각과 오성적 인식이 단일한 영혼의 단일한 능력임을 언명한다.

163 꿈은 수면 중에도 영혼이 작동하는 방증이 된다. 당시 꿈은 영혼 불멸을 방증하는 근거(키케로 『아카데미아학파 회의론』 *Academica posteriora* 2,15,47-21,34; 테르툴리아누스 『영혼의 증언』 *De testimonio animae* 43)로 거론되기도 했다.

어도 자주 잠이 우리를 덮치듯이, 영혼도 그런 결핍 상태로 인해서[160] 육체로 변환하지나 않나 두려워해야 할까? 수면으로 우리 사지가 처지듯 영혼도 수면으로 일부나마 쇠약해지는지 모른다.[161] 어떻든 잠이 들면 영혼이 감각적 사물들을 지각하지 못하고, 수면이 만들어 내는 것이 무엇이든지 간에, 육체로부터 유래하고 그래서 육체 속에서 작용한다. 수면은 신체 감관들을 마비시키고 말하자면 어느 면에서 폐쇄시키며, 신체의 그런 변화에 영혼이 그냥 양보하는 듯하다. 그런 변화가 자연 본성에 따른 것이고, 그 일로 신체가 피로에서 회복하는 까닭이다. 그렇다고 해서 이런 변화가 감각하고 인식하는 능력을[162] 영혼으로부터 아예 박탈하는 것은 아니다. 잠을 자면서도 영혼은 감각적 사물들의 표상을 생생하게 보전하는데, 따라서 꿈에도 유사상의 표현이 너무도 강렬해서 꿈을 꾸는 바로 그 순간에 표상을 만들어 내는 그 사물들과 그 표상들을 구분하기가 불가능해질 정도다.[163] 또 뭔가를 인식하였다면 그것은 잠자는 사람에게나 깨어 있는 사람에게나 똑같이 참이다.[164] 예를 들어서 꿈속에 자기가 누구와 토론하는 것처럼 보인다면, 그리고 참된 이치에 따라서 토론하면서 뭔가를 배우기에 이르렀다면, 잠에서 깨어난 사람에게도 꿈에서 배운 것들은 불변하는 사물로서 그대로 남는다. 그 밖의 가짜들, 이를 테면 토론이 있었던 장소나 함께 토론을 벌인 것처럼 보인 인물, 또 소리를 내서 토론을 전개한 것처럼 여겨지는 말들이나 그 밖의 다른 것들은 다 사라지더라도 말이다. 저런 것들은 깨어 있는 사람들에게서도 감관으로 감지되고 깨어 있는 사람들에 의해

---

[164] 꿈을 예로 들어 인식의 불확실성을 주장하는 회의론자들에게 교부는, 꿈꾸는 사람도 살아 있으며 "살아 있음을 안다"는 반증을 편다(『삼위일체론』 15,12,21).

huiuscemodi; quae etiam cum ipsis sensibus sentiuntur agunturque a vigilantibus, praetereunt tamen nec ulla ex parte sempiternam praesentiam verarum rationum adsequuntur. Ex quo conligitur tali conmutatione corporis, qualis somnus est, usum eiusdem corporis animae, non vitam propriam, posse minui.

XV 24. Postremo, si quamvis locum occupanti corpori anima tamen non localiter iungitur, summis illis aeternisque rationibus, quae inconmutabiliter manent nec utique continentur loco, prior adficitur anima quam corpus, nec prior tantum, sed etiam magis. Tanto enim prior, quanto propinquior, et eadem causa tanto etiam magis, quanto etiam corpore melior. Nec ista propinquitas loco, sed naturae ordine dicta sit. Hoc autem ordine intellegitur a summa essentia speciem corpori per animam tribui, qua est, in quantumcumque est. Per animam ergo corpus subsistit et eo ipso est, quo anima-

---

165 summae illae aeternae rationes: 하느님 안에, 혹은 신적 지성 안에 현존하는 모형적 이념들(ideae exemplares)을 가리킨다.

166 summa essentia: 아우구스티누스에게서 하느님의 철학적 명칭으로 구사된다. "유일하신 하느님, 유일하신 진리, 만인의 유일하신 구원, 최초이자 최고의 유(有, 존재자)"[unus deus ... prima atque summa essentia(『참된 종교』 11,21)].

167 "양태(modus), 형상(species), 질서(ordo)는 하느님에 의해서 창조된 사물들 속에 있는 보편적인 선들로서, 영혼에도 물체에도 똑같이 존재한다. 하느님에 의해서 일체의 양태, 일체의 형상, 일체의 질서가 있다. 또 이 셋이 전혀 없는 곳에서는 자연 본성이 전혀 존재하지 않는다"(『선의 본성』 3,3).

168 subsistit: 신체를 '영혼을 갖춘 몸'(corpus animatum)이라는 실체(substantia)로 보는 경우 — 아니면 시체(屍體)일 따름 — 영혼이 그 형상(species, εἶδος)이다.

서도 행동으로 옮겨지곤 하지만, 저런 것들은 모두 지나가 버리며, 저런 것들이 참된 이념들의 영원한 현전의 자리를 획득하는 일은 결코 없다. 신체의 저런 변화 — 수면이 대표적인 경우인데 — 에 의해서 영혼이 신체를 구사하는 방식은 위축될 수 있겠지만 그 고유한 생명은 감소될 수 없다는 결론이 나온다.

영혼이 공간에 점유된다는 관점. 그럴더라도 영혼은 영원한 이념과 결속되며

15.24. 마지막으로, 영혼은 공간을 점유하는 신체와 결합해 있더라도 — 물론 비공간적으로 결합되어 있다 — 저 지고하고 영원한 이념들[165] — 이념들은 불변하게 존속하고 공간에 의해서 내포되지 않는다 — 로부터 일차적으로 영향을 받는다. 신체보다 영혼이 먼저 영향을 받는다. 그 영향을 단지 먼저 받을 뿐 아니라 더 많이 받는다. 저 이념들에 더 가깝다는 점에서 더 먼저 받으며, 같은 이치로 신체보다 더 훌륭하다는 점에서 더 많이 영향을 받는다. 여기서 더 가깝다는 근사성은 공간상으로 한 말이 아니고 자연의 질서상으로 한 말이어야 한다. 이 질서로 인해서 최고 존재자最高存在者[166]로부터 영혼을 통해서 신체에 형상이 부여되는 것으로 이해된다. 그리고 신체가 존재하는 한 그 형상에 의해서 존재한다.[167] 그러므로 영혼을 통해서 신체가 존립하고[168] 영혼을 갖추는 바로 그것에 의해서 존재한다. 보편적으로는 세계로서 존재하고[169] 특수하게는 세계 내에 있는 각각의 생물로서 존재한다.[170]▶ 그러면 영

---

[169] 자신의 『음악론』을 재론하면서 교부는 세계의 아름다움을 보고서 세계도 '세계혼'에 의해서 형상을 취한 생명체라는 생각을 떨치지 못했노라고 실토한다. "『영혼 불멸』에도 이런 뜻으로 해석될 만한 구절이 나오는데 그 이론이 허위라고 판단할 것은 아니고 세계가 과연 생명체인가 하는 문제를 나로서도 확신하지 못했다는 뜻이다"(『재론고』 1,11[10],4).

tur, sive universaliter, ut mundus, sive particulariter, ut unumquodque animal intra mundum. Quapropter consequens erat, ut anima per animam corpus fieret nec omnino aliter posset. Quod quia non fit manente quippe anima in eo, quo anima est, ‹et› corpus per illam subsistit dantem speciem, non adimentem, conmutari in corpus anima non potest. Si enim non tradit speciem, quam sumit a summo bono, non per illam fit corpus; et si non per illam fit, aut non fit omnino aut tam propinque speciem sumit quam anima. Sed et fit corpus et, si tam propinque sumeret speciem, id esset quod anima. Nam hoc interest eoque anima melior, quo sumit propinquius. Tam propinque autem etiam corpus sumeret, si non per animam sumeret. Etenim nullo interposito tam propinque utique sumeret. Nec invenitur aliquid, quod sit inter summam vitam, quae sapientia et veritas est inconmutabilis, et id, quod ultimum vivificatur, id est cor-

---

◀170 『재론고』 1,5,3: "최고의 존재자로부터 영혼을 통해서 신체에 형상이 부여된다. … 보편적으로는 세계로서 존재하고 특수하게는 세계 내에 있는 각각의 생물로서 존재한다'고 한 말도 함부로 나온 말이었다. 이 모든 말을 정말 생각 없이 한 것이다." '보편적으로는 세계로서 존재하고'(universaliter ut mundus)라는 끝 문장이 자칫 범아일여(梵我一如) 사상으로 오해될 만하다는 후회다.

171 summum bonum: 신체의 기원을 '최고 존재자'에서 '최고선'으로 변경함으로써 신체[=물체]가 선한 것임을 은연중에 부각시킨다.

172 non per illam fit corpus: 현대어본의 의역[n'est pas formè par elle(Labriolle), if the body is not formed by it(Schopp), il corpo non viene all'essere tramite l'anima(Capatano)]은 이 구절의 철학적 비중을 보여 준다.

173 플로티누스(『엔네아데스』 1,2,2)의 표현이다.

174 『독백』 (1,1,3)에서 이미 세 칭호가 하느님께 수렴된 바 있다. "진리이신 하느님, … 참된 것 모두가 당신 안에서, 당신으로 말미암아, 당신을 통해서 참됩니다. 지혜이신 하느님,

혼을 통해서 영혼이 신체가 되리라는 결론이 남을 법한데, 달리는 그럴 가능성이 전혀 없는 까닭이다. 그렇지만 이런 일은 일어나지 않느니, 왜냐하면 영혼이 영혼으로서 존재하는 그 안에서 영혼으로서 존속하는 까닭이고, 또 신체는 신체에 형상을 부여할 뿐 박탈하지 않는 그 영혼을 통해서 존립하는 까닭이다. 그러므로 영혼이 신체로 변하는 일은 불가능하다. 만일 최고선最高善[171]으로부터 취하는 형상을 신체에 넘겨주지 않는다면 그 형상을 통해서 신체가 되는 것도 아니다. 그리고 그 형상을 통해서 신체가 되는 것이 아니라면[172] 아무 신체도 되지 않거나 영혼만큼이나 최고선 가까이서 형상을 취하거나 할 것이다. 하지만 그것은 엄연히 신체가 되고, 만약에 그토록 최고선 가까이서 형상을 취했더라면 영혼으로서 존재하는 양상으로 존재할 것이다. 그 까닭은 최고선에 더 가까이서 취한다는 그 점에서 영혼이 신체보다 더 훌륭하기 때문이다.[173] 신체가 영혼을 통해서 취하지 않았다면 신체 역시 그토록 가까이서 형상을 취했을지 모른다. 왜냐하면 최고선과 신체 사이의 중간에 아무것도 없다면 응당 그렇게 가까이서 취할 것이니까 말이다. 그런데 최고의 생명, 지혜이자 불변하는 진리인 저 생명,[174] 그리고 맨 마지막으로 생명을 얻는 존재, 말하자면 신체, 그 사이에는 생명을 주는 영혼 외에 아무것도 없다. 따라서 영혼이 신체에 형상을 전달하여 신체가 존재하는 한에서 신체로서 존재하게 만든다면, 신체에 형상을 전달함과 동시에 박탈할 리도 없다. 그런데 영혼이 신체로 변해 버린다면

깨닫는 것 모두가 당신 안에서, 당신으로 말미암아, 당신을 통해서 깨닫습니다. 참답고 지고한 생명이신 하느님, 참답고 지고하게 사는 것 모두가 당신 안에서, 당신으로 말미암아, 당신을 통해서 삽니다."

pus, nisi vivificans anima. Quod si tradit speciem anima corpori, ut sit corpus, in quantum est, non utique speciem tradendo adimit. Adimit autem in corpus animam transmutando. Non igitur anima sive per seipsam corpus fit, quia non nisi manente anima corpus per eam fit, sive per aliam, quia non nisi traditione speciei fit corpus per animam et ademptione speciei anima in corpus converteretur, si converteretur.

XVI 25. Hoc et de irrationali anima vel vita, quod nec in eam rationalis anima convertitur, dici potest. Et ipsa enim, nisi inferiore ordine rationali subiceretur, aeque sumeret speciem et talis esset. Tradunt ergo speciem a summa pulchritudine acceptam potentiora infirmioribus naturali ordine. Et utique, cum tradunt, non adimunt eoque sunt, quae infirmiora sunt, in quantum sunt, quod species, qua sint, eis a potentioribus traditur; quae quidem potentiora etiam meliora sunt. Quod his naturis datum est, quae non mole maiore

---

175 영혼이 신체로 변한다면 신체의 형상을 영혼에다 전달하는 셈이고, 신체의 형상을 영혼에 전달한다는 것은 신체로부터 그 형상을 박탈해 버리는 셈이다. 최고선으로부터 유래하여 영혼이 전달하는 중간자로서 받은 신체의 형상은 영혼이 신체에게 전달해야지, 영혼이 자체에 부여해서는(= 영혼이 신체로 변해서는) 안 된다.

176 영혼이 '자체를 통해서' 신체가 되려면, 신체로 변하는 동시에 영혼은 영혼으로서 남아 있어야 한다는 모순을 낳는다.

177 사람의 신체(corpus animatum)가 되려면 신체의 형상을 부여받아야 하고, 영혼이 신체에 형상을 부여함과 동시에 박탈할 수는 없으므로, 만일 영혼이 '다른 영혼을 통해서' 신체가 되려면, 다른 영혼은 원래의 영혼에 신체의 형상을 부여해야 하고, 그러기 위해 그 형상을 원래의 신체에서 박탈하는 모순을 발생시킨다.

신체를 신체로 만드는 그 형상을 박탈하는 셈이다.175 그러므로 영혼이 자기 스스로를 통해서 신체가 되는 일도 없으니, 왜냐하면 영혼이 영혼으로서 존속하지 않는 한, 신체가 그 영혼을 통해서 신체가 되지 못하는 까닭이요.176 그렇다고 다른 영혼을 통해서 신체가 되는 일도 없으니, 신체가 영혼을 통해서 신체가 되는 것은 형상의 전달 덕분이므로, 영혼이 만약에 신체로 전환하는 일이 있다면, 어디까지나 자기가 신체에 전달한 형상의 박탈을 거쳐서 영혼이 신체로 전환할 것이기 때문이다.177

신체 속에 자리 잡고 있지만 부분으로 나누어지는 않는다

16.25. 이상에서 얘기한 바는 비이성적 영혼 또는 생명에 관해서도 서술될 수 있다. 즉, 이성혼이 비이성적 영혼으로 전환되지도 않는다는 말이다. 비이성혼은 더 열등한 차원으로 인해서 이성혼에게 귀속하지 않았더라면 동등하게 형상을 취득했을 것이고 따라서 이성혼으로서 존재했을 것이다. 그 이유는 최고미最高美로부터178 형상을 취하여 더 강한 사물들이 자연적 차원에서 자기보다 더 열등한 사물들에게 전달하는 까닭이다. 물론 형상을 전달하면서 그 형상을 박탈하지 않으며, 존재한다는 점에서 열등한 사물로 존재하는 것들은, 더 강한 사물들로부터 자체에게 그런 사물로 존재하게 형상이 전달된다는 바로 그 점에서

---

178 a summa pulchritudine: "하느님을 뵙는, 즉 하느님을 인식하는 일이 영혼에게 일어날 때에 … 영혼의 시선으로 저 유일무이하고 참된 아름다움(illam singularem veramque pulchritudinem)을 드디어 보게 될 적에는 그 아름다움을 더욱더 사랑하게 될 것이다"(『독백』 1,7,14). 두 장절(15,24; 16,25)에서 하느님은 '최고 존재자'(summa essentia), '최고선'(summum bonum), '최고미'(summa pulchritudo)로 존칭된다.

plus possunt minoribus molibus, sed sine tumore ullo localis magnitudinis eadem specie potentiora sunt qua meliora. In quo genere est anima corpore melior et potentior. Quapropter cum per illam, ut dictum est, corpus subsistat, ipsa in corpus verti nullo modo potest. Corpus enim nullum fit nisi accipiendo per animam speciem. At anima ut corpus fieret, non accipiendo speciem, sed amittendo fieri posset et propterea fieri non potest, nisi forte loco anima continetur et localiter corpori iungitur. Nam si ita est, potest eam fortasse maior moles, quamquam speciosiorem, in suam deteriorem vertere speciem, ut aer maior ignem minorem. Sed non est ita. Moles quippe omnis quae occupat locum, non est in singulis suis partibus tota, sed in omnibus. Quare alia pars eius alibi est et alibi alia. Anima vero non modo universae moli corporis sui, sed etiam unicuique particulae illius tota simul adest. Partis enim corporis passionem

---

179 존자의 서열로부터 능력의 서열이 오는데, 존재의 서열은 그 사물이 받은 형상에서 비롯한다. "양태, 형상, 질서 … 이 셋이 큰 곳에서는 선도 크다. 그리고 작은 곳에서는 선도 작다. 그것이 큰 곳에서는 자연 본성도 위대하고 작은 곳에서는 자연 본성도 미소하다"(『선의 본성』 3,3).

180 앞의 각주 172 참조.

181 영혼이 신체의 형상을 받아서가 아니고 자기 고유한 형상을 상실해야 신체로 변할 수 있으리라는 말이다.

182 speciosior: species(형상)에서 파생한 형용사 speciosus의 비교급. 앞의 각주 87 참조.

183 anima unicuique paticulae illius tota simul adest: "영혼은 신체 전체에 전체로 존재하고 신체의 어떤 부분에도 전체로 존재한다. 또 신체의 제아무리 미소한 부분에서 어떤 일이 일어나더라도 영혼은 그것을 감지하며, 그것이 신체 전체에서 일어나지는 않음에도 영혼 전체가 감지한다"(『삼위일체론』 6,6,8).

184 passio: 앞의 각주 53 및 58 참조.

존재한다. 그래서 그 더 강한 사물들이 더 훌륭하다. 이러한 자연 사물들에게 부여된 바는 다음과 같다. 더 큰 부피를 가져야 부피가 더 작은 사물들보다 많은 것을 할 수 있다는 말이 아니요, 이런 것들을 더 훌륭한 것으로 만들어 주는 바로 그 형상에 의해서 더 강한 사물이 되는 것이지, 공간적 크기를 더 차지했다는 데서 오는 어떤 허풍에서 그런 것이 전혀 아니다.[179] 그런 이유로 해서 영혼은 신체보다 더 훌륭하고 더 강하다. 따라서 앞서 이미 말한 대로,[180] 영혼을 통해서 신체가 존립하는 이상, 영혼이 신체로 전향하는 일은 결코 없을 것이다. 영혼을 통해서 형상을 받지 않는다면 그 여하한 신체도 생기지 않는다. 그런데 영혼이 신체가 되려면 형상을 받아서 되는 것이 아니고 형상을 잃어야 신체가 될 수 있으므로,[181] 영혼이 공간에 내포되거나 신체에 공간적으로 결합된다면 모르겠지만 그렇지 않는 한 영혼은 신체가 될 수 없다. 만일 영혼이 공간에 내포되는 일이 있다면 부피가 더 큰 사물이 영혼을, 자기보다 형상이 더 빼어난[182] 영혼을 그보다 못한 자기의 형상으로 변화시킬 수 있을지도 모른다. 마치 부피가 더 큰 공기가 부피가 더 작은 불을 공기로 변화시키듯이 말이다. 하지만 실제로는 그런 일이 생기지 않는다. 공간을 점유하는 모든 덩치는 자체의 각각의 부분들 속에서 전체로서 존재하는 것이 아니고 모든 부분들 속에서 그 부분들을 합쳐서 전체로서 존재하는 까닭이다. 그래서 그것의 다른 부분은 다른 곳에 존재하고 또 다른 부분은 또 다른 곳에 존재한다. 그 대신 영혼은 자기 신체의 전체 덩치 속에만 현전하는 것이 아니고 신체의 각각의 부분에도 전체로서 동시에 현전한다.[183] 신체의 한 부분의 감응感應을[184] 영혼 전체로서 감지하지만 신체 전체에서 감지하는 것은 아니다. 예를 들어 발

영혼 불멸 103

tota sentit, nec in toto tamen corpore. Cum enim quid dolet in pede, advertitur oculus, lingua loquitur, admovetur manus. Quod non fieret, nisi id, quod animae in eis est partibus, et in pede sentiret; nec sentire, quod ibi factum est, absens posset. Non enim nuntio aliquo credibile est fieri non sentiente quod nuntiat, quia passio, quae fit, non per continuationem molis currit, ut ceteras animae partes, quae alibi sunt, latere non sinat; sed illud tota sentit anima, quod in particula fit pedis, et ibi tantum sentit, ubi fit. Tota igitur singulis partibus simul adest, quae tota simul sentit in singulis. Nec tamen hoc modo adest tota, ut candor vel alia huiuscemodi qualitas in unaquaque parte corporis tota est. Nam quod in alia parte corpus patitur cum coloris inmutatione, potest ad candorem, qui est in alia parte, non pertinere. Quapropter secundum partes molis a se distantes et ipse a se distare convincitur. Non autem ita esse in anima per sensum, de quo dictum est, probatur.

---

[185] 발의 통증이 다리와 몸통과 눈과 혀와 손에까지 두루 퍼져 가면서 그 기관들이 방금 말한 반응을 차례로 보이는 것이 아니다.

[186] latere non sinat: "감각이란 신체가 감응하는 바를 영혼이 놓치지 않는 것"[sensum esse non latere animam quod patitur corpus(『영혼의 위대함』 23,41)]이라는 아우구스티누스의 정의 참조.

[187] 영혼의 전체적 현존은 플로티누스(『엔네아데스』 4,2,1-2; 4,7,5-7)가 상세히 논구한 바 있다.

에 어떤 통증이 오면 눈이 내려다보고 혀가 말을 하고 손이 그리로 뻗는다. 영혼의 어떤 것이 그 부분 부분들 속에 다 존재하고 따라서 발에서도 무엇을 감지하지 못한다면 이런 일이 생기지 않는다. 또 영혼이 그 지점에 부재한다면 거기서 일어난 것을 감지하는 일도 불가능하다. 영혼이 그 지점에 없어도 어떤 전령傳令에 의해서 그런 일이 이루어지고, 그 전령은 자기가 전달하는 바를 감지하지 못한 채로 전하리라는 말은 믿기지 않는다. 거기서 발행하는 감응은 신체 덩어리의 연속連續을 통해서 뻗어 나가는 무엇도 아니고,[185] 영혼의 다른 부분들, 다른 곳에 존재하는 다른 부분들은 모른 채로 넘어가게 그냥 두지도 않는다.[186] 오히려 발의 한 끝에서 일어나는 바를 영혼 전체가 감지하되, 그 일이 발생하는 거기서만 감지하는 것이다. 영혼은 각각의 부분들에 전체로서 동시에 현전하고, 영혼이 각각의 부분들에서 전체로서 동시에 감지한다.[187] 그렇다고 흰색이나 다른 성질이 물체의 각 부분에 전체로서 존재하는 그런 방식으로 영혼이 전체로서 현전하는 것은 아니다. 왜 그런가 하면, 신체가 어느 한 부분에서 그 흰색의 변화를 감응하는 바가 다른 부분에 존재하는 흰색에는 해당하지 않을 수가 있기 때문이다. 그래서 덩치의 부분들이 서로 떨어져 있는 것처럼, 흰색도 자체로부터 떨어져 있다는 생각이 든다.[188] 그러므로 지금까지 감관을 두고 말한 바로 미루어 영혼에는 그런 식으로 감각이 발생하지 않는다.

---

[188] 한 물체의 이곳에 있는 부분과 저곳에 있는 부분이 거리상으로 떨어져 있으면서 서로 다르다는 느낌은, 한 부분의 '흰색'과 다른 부분의 '흰색'이 서로 다르다는, 흰색과 흰색이 서로 다르다는 느낌마저 준다.

Retractationes 1.5.1-3

De immortalitate animae

1. Post libros Soliloquiorum iam de agro Mediolanium reuersus scripsi librum de immortalitate animae, quod mihi quasi commonitorium esse uolueram propter *Soliloquia* terminanda, quae imperfecta remanserant. Sed nescio quomodo me inuito exiit in manus hominum, et inter mea opuscula nominatur. Qui primo ratiocinationum contortione atque breuitate sic obscurus est, ut fatiget cum legitur etiam intentionem meam, uixque intellegatur a me ipso.

2. Deinde cogitans nihil aliud quam animos hominum in quadam argumentatione eiusdem libri dixi: *Nec esse in eo quod nihil discit disciplina potest*; itemque alio loco dixi: *Nec ullam rem scientia complectitur, nisi quae ad aliquam pertinet disciplinam*; nec uenit in mentem deum non discere disciplinam, sed habere omnium rerum scientiam, in qua etiam praescientia est futurorum. Tale est il-

---

1 아우구스티누스가 그 많은 저술 가운데 자기 작품에 내린 가장 심한 혹평으로 보인다.
2 『영혼 불멸』 1,1.

재론고 1,5,1-3
영혼 불멸

5.1. 『독백』Soliloquia이라는 책 다음에, 이미 시골에서 밀라노로 돌아와 있던 몸으로, 『영혼 불멸』De immortalitate animae이라는 책을 썼다. 저 책이 미완성으로 남았으므로 『독백』을 끝마쳐야 한다는 충고처럼 내게 느껴졌던 것이다. 어떻게 된 일인지 나도 모르겠지만 그 책은 내 의사에 반해서 사람들 손으로 나갔고 내 소책자들 사이에 이름이 거론되고 있다. 논리 전개가 하도 번다하고 옹색하여 애매모호하기 때문에 읽자면 내 주의력이 산만해지고 나 자신마저도 겨우 알아들을 정도다.[1]

5.2. 그 밖에도 그 책에서 나는 인간의 영혼 외에 아무것도 생각하지 않으면서 같은 책의 어느 논증에서 "아무것도 학습하지 못하는 것을 주체로 삼아 학문이 존재할 수 없다"[2]는 말을 하였다. 그리고 다른 대목에서는 "지식이 어떤 사물을 포착하는 경우, 어느 일정한 학문에 속하는 것으로서가 아니면 아무것도 포착하지 않는다"[3]라는 말도 했다. 내게 하느님은 어떤 학문도 배우지 않는 분이며, 그러면서도 모든 사물에 관한 지식 — 그중에는 미래사에 관한 지식도 있다 — 을 가진 분이라

---

3 『영혼 불멸』 1,1.

lud quod ibi dictum est *non esse uitam cum ratione ulli nisi animae*; neque enim deo sine ratione uita est, cum apud eum et summa uita et summa sit ratio; et illud, quod aliquanto superius dixi, *id quod intellegitur eiusmodi esse semper*, cum intellegatur et animus, qui utique non eiusmodi est semper. Quod uero dixi *animum propterea non posse ab aeterna ratione separari, quia non ei localiter iungitur*, profecto non dixissem, si iam tunc essem litteris sacris ita eruditus, ut recolerem quod scriptum est: Peccata uestra separant inter uos et deum. Vnde intellegi datur etiam earum rerum posse dici separationem, quae non locis sed incorporaliter iunctae fuerant.

3. Quid sit etiam quod dixi: *Anima si caret corpore, in hoc mundo non est*, non potui recordari. Numquid enim animae mortuorum aut non carent corpore aut in hoc mundo non sunt, quasi uero inferi non sint in hoc mundo? Sed quia carere corpore in bono posui, for-

---

4 본서 첫머리(1,1 끝 문장)에서 "여하한 사물들에 관한 지식도 곧 학문이다"라고 하면서도, 철학적 성격을 띤 저술들에서 교부는 '학문'(disciplina)과 '지식'(scientia)을 두고 전자에는 일정한 부문(음악, 천문 등)에 속하는 지식을, 후자에는 사유하고 인식하는 활동과 그 성과를 가리키는 어감이 있다.

5 『영혼 불멸』 4,5.   6 『영혼 불멸』 1,1.

7 "영혼이 의지로 자기를 이념으로부터 분리시키리라는 말을 누가 할 수도 있는데 아주 터무니없는 소리는 아니다. 공간이 내포하지 않는 사물들이라도 상호 간에 어떤 분리가 있을 수 있다면 말이다"(『영혼 불멸』 6,11 하단)라는 문장으로 나온다.

는 생각이 머리에 들어오지 않았던 것이다.4 **"이념을 갖춘 생명이라는 것은 영혼 아니면 아무 처소에도 존재하지 않는다"**5라고 한 말도 그런 것이다. 하느님께도 생명은 이념을 갖추지 않은 채로 존재하는 것이 아니다. 그분에게는 최고의 생명이 있고 최고의 이념이 있는 까닭이다. 그리고 또 조금 앞에서 **"인식을 하는 것은 항상 여일하게 존재한다"**6라고 한 말도 그렇다. 영혼도 인식을 하지만 항상 여일하지는 않기 때문이다. 그리고 내가 **"영혼은 영원한 이념으로부터 분리될 수 없다. 그것에 공간적으로 결합되어 있지 않기 때문이다"**라는 투의 말도 했는데,7 내가 그때 **"너희 죄가 너희를 하느님으로부터 분리시킨다"**8라고 기록된 말씀을 기억할 정도로 성경에 관해서 그만큼 배워 알았더라면 그런 말을 하지 않았을 것이다. 이 성경 말씀은 저런 사물들을 두고는 비록 공간으로가 아니고9 비물질적으로 결속되었더라도 분리를 얘기할 수 있다는 뜻으로 알아들을 만하다.

5.3. **"만일 육체를 결한 존재라면 이 세상에 존재하지 않는다"**10라고 한 말로 내가 무슨 얘기를 하려고 했던가를 기억해 내지 못하였다. 마치 지옥은 이 세상에 있지 않기라도 하다는 논지를 들어, 죽은 이들의 영혼은 육체를 결한 것이 아니거나 이 세상에 있는 것은 아니거나 둘

---

8 이사 59,2.

9 "나 같으면 지옥이 지하에 존재하는 것으로 가르쳤어야 한다는 생각이 든다"(『재론고』 2,24,2. 『창세기 문자적 해설』 12,33을 재론하는 구절이다).

10 『영혼 불멸』 13,22.

tasse nomine corporis pestes corporeas appellaui. Quod si ita est, nimis insolenter uerbo usus sum. Illud quoque temere dictum est: *A summa essentia speciem corpori per animam tribui, qua est in quantumcumque est. Per animam ergo corpus subsistit, et eo ipso est quo animatur, siue uniuersaliter ut mundus siue particulariter ut unumquodque animal intra mundum.* Hoc totum prorsus temere dictum est.

Hic liber sic incipit: *Si alicubi est disciplina.*

---

11 부활한 육신을 갖춘 후세의 영혼은 "강화되고 완전해져 있어 육체의 율동에 좌우되어 영원하신 지혜를 관조하는 데 방해받는 일이 없을 것이다"(『재론고』 1,11,2. 『음악론』 6,4,7을 재론하면서).

중 하나라는 말을 하려는 것이었을까? 육체를 결한다는 말을 내가 좋은 뜻으로 설정하였으므로 아마 육체적 패악을 일컫고 싶었던 것 같다.[11] 만약 그렇게 했다면 나로서는 그 단어를 너무 엉뚱하게 사용한 셈이다. "최고의 존재자로부터 영혼을 통해서 신체에 형상이 부여된다. 그리고 신체가 존재하는 한 그 형상에 의해서 존재한다. 그러므로 영혼을 통해서 신체가 존립한다. 그러므로 영혼을 통해서 신체가 존립하고 영혼을 갖추는 바로 그것에 의해서 존재한다. 보편적으로는 세계로서 존재하고 특수하게는 세계 내에 있는 각각의 생물로서 존재한다"[12]고 한 말도 함부로 나온 말이었다. 이 모든 말을 정말 생각 없이 한 것이다. 이 책은 "만일 학문이 어디엔가 존재한다면"[13]이라는 구절로 시작한다.

---

12 『영혼 불멸』 15,24.

13 Si alicubi est disciplina ...

색인 인명

스트라톤 31

아리스토크세노 35
아리스토텔레스 18 24 35-6 50 62 66-8 73 85 87
아우구스티누스 13-20 22 30 40 46 48 60 62 64 76 78-9 82 84 96 104 106
알렉산드로스 37

키케로 20 35 40 49 66 84 94

테르툴리아누스 94

포르피리우스 60 74 86
플라톤 35 38 42 58 62 67 72 76 84 88
플로티누스 32 48 54 60 63 73 76 82 85 88 98 104

『고백록』 17 38 40 70-1 76
『공화국』(플라톤) 88
『교사론』 37 46
『독백』 13-7 19 31-2 36 47 55-6 73 77-8 82 84 98 101 107
『메논』(플라톤) 48
『명제집』(포르피리우스) 74
『문법론』 30
『범주론』(아리스토텔레스) 85 97
『변증법』 30
『삼위일체론』 33 35 42 48 51 56 68 75-6 82-3 95 102
『서간집』 64
『선의 본성』 71 86 96 102
『신국론』 22 51 83
『아카데미아학파 반박』 17 82
『아카데미아학파 회의론』(키케로) 94
『엔네아데스』(플로티누스) 32-3 48 54 60 63 73 76 82 85 88 98 104
『영혼 불멸』 13 16 18-9 97 106-9
『영혼론』(아리스토텔레스) 35 62
『영혼의 귀환에 대하여』(포르피리우스) 60
『영혼의 위대함』 14 25 37-8 48 55 78-9 94 104
『영혼의 증언』(테르툴리아누스) 94
『음악론』 30 45 97 110
『자유의지론』 14 36 44 63 70 90 93
『재론고』 15-8 32 46 58 60 92 97-8 109-10
『질서론』 13-4 17 32 44 82 85
『참된 종교』 39 60 63 82 96

『창세기 문자적 해설』 71 109
『천체와 세계에 관하여』(아리스토텔레스) 68
『투스쿨룸 대화』(키케로) 20 35 40 49 66
『티마이오스』(플라톤) 67 72 88
『파이돈』(플라톤) 35 62 76 84
『파이드로스』(플라톤) 38 72 88
『필레보스』(플라톤) 62
『행복한 삶』 14
『형이상학』(아리스토텔레스) 67

성경

이사
59,2   60 109

로마
8,35   58

아우구스티누스AUGUSTINUS(354~430)

북아프리카 타가스테에서 태어났다(354년). 어머니 모니카는 독실한 그리스도인이었으나, '지혜에 대한 사랑'(철학)에 매료된(373년) 청년 아우구스티누스는 진리를 찾아 끊임없이 방황하는 삶을 살았다. 한때 마니교와 회의주의에 빠지기도 했던 그는 밀라노의 수사학 교수로 임명되면서 출셋길에 올랐다(384년). 밀라노에서 접한 신플라톤 철학, 암브로시우스 주교의 설교, 수도생활에 관한 증언 등을 통해 그리스도교에 눈을 뜨기 시작했으나, 머리로 이해한 그리스도교 진리를 아직 믿음으로 받아들이지 못한 채 엉거주춤 망설이며 살아가다가, 마침내 바오로 서간을 '집어서 읽으면서'(Tolle! Lege!) 회심하였으며(386년), 행복한 눈물 속에 세례를 받았다(387년). 교수직과 재산을 미련 없이 버리고 고향으로 돌아가 소박한 수행의 삶을 엮어가던 그는 뜻하지 않게 히포 교구의 사제(391년)와 주교(395년)로 서품되었고, 40년 가까이 사목자요 수도승으로 하느님과 교회를 섬기다가 석 달 남짓한 투병 끝에 일흔여섯의 나이로 세상을 떠났다(430년). 『고백록』Confessiones을 비롯한 수많은 저술(책, 서간, 설교)과 극적이고 치열한 삶은 그리스도교 철학과 신학에 엄청난 영향을 끼쳤다. 교부들 가운데 우뚝 솟은 큰 산인 아우구스티누스는, 그리스 철학 체계 속에 그리스도교 진리를 깔끔하게 정리해 냄으로써 '서양의 스승'이라고도 불린다.

성염

1972년 가톨릭대학교 졸업 후, 1976년 광주 가톨릭대학교에서 신학석사, 1986년 교황청 살레시오 대학에서 라틴문학박사 학위를 취득했다. 1988~2005년 한국외국어대학교와 서강대학교 철학과 교수, 2003~2007년 주교황청 한국대사를 역임했다. 그간 우리신학연구소 소장 및 이사장, 서양고전학회 회장 등 다양한 학회 활동과, 서울대교구 평신도사도직협의회, 한국천주교정의평화위원회, 한국가톨릭교수회 등 각 분야의 사회 활동을 하면서 많은 저서와 주해서, 번역서, 연구 논문을 발표했다. 주요 저서로는 『사랑만이 진리를 깨닫게 한다』, 『님의 이름을 불러두고』, 『라틴어 첫걸음』, 『고급 라틴어』, 『하느님을 만난 사람들』, 『미사 해설』 등이, 아우구스티누스 주해서로는 『참된 종교』, 『자유의지론』, 『그리스도교 교양』, 『신국론』, 『삼위일체론』, 『고백록』, 『아카데미아학파 반박』, 『행복한 삶』, 『질서론』, 『독백』 등이, 기타 고전 주해서로는 키케로의 『법률론』, 단테의 『제정론』, 피코 델라 미란돌라의 『인간 존엄성에 관한 연설』 등이, 역서로는 『신은 존재하는가? I』, 『인간의 죽음』, 『해방신학』, 『다시아의 해방신학』, 『아시아인의 심성과 신학』 외 다수가 있다. 이 밖에도 수십 편의 학술 논문과 사전 항목을 집필했다. 더 자세한 사항은 『사랑만이 진리를 깨닫게 한다』(경세원 2007) 8-15쪽을 참조하라.